JN275403

伊藤まさこの台所道具

伊藤まさこ

はじめに

娘がまだまだ小さかった頃のこと。「どうしてうちには、みんなのおうちの台所にあるころんとしたものがないの?」というのです。よくよく聞いてみると、それは炊飯器のことなのでした。

我が家にやってくる友人知人からは、鍋の量に驚かれたり、フライパンがないの?　と呆れられたり、これ何に使うの?（さくらんぼの種抜き）と尋ねられたり……そのたびに、私の台所道具の選び方って、みんなとは違うの?　そう思っていました。

旅先でひとめぼれした鍋があるとします。持って帰るにはとても重いし、同じくらいの大きさの鍋はもう持っているからと、諦める人もいるかもしれない。でも私は「ここで会ったのも何かの縁」と、重さも気にせず買ってしまいます。だって、質感や見た目の佇まいは家にある鍋にはない。しかも、旅の思い出のかけらなんかが、その鍋に詰まっているのですからね。

また、気に入ったものが見つかるまで間に合わせで（意地でも）物を買わない時もあります。だから不便でたまらなかったりするのですが、その不便ごと楽しんじゃえという気持ちがあるのです。ね、やっぱりちょっと変ですよね。なんていうか、偏りがある。でも、道具選びはこれでいいのだ、って思っています。

だって使うのは自分ですもの。好きな道具に囲まれて毎日、ごはんが作れたら、こんな幸せなことはないんじゃないかな、そう思うのです。

伊藤まさこの台所道具　もくじ

3……はじめに

8……さくらんぼの種抜き → チェリージャム
使いまわしは利かないけれど

12……打ち出しの鍋 → おいなりさん
使ってみないと分からない

16……野田琺瑯の容器 → きゅうりの塩漬け
夏の顔

18……野菜の水切り → クレソンのサラダ
パリッ、の理由

22……砥石 → ミネストローネ
自分で研いでみようじゃないの

26……瓶 → 果実酢
梅酢の仕込みはあの瓶で

28……**糸井重里**さん
土鍋で → 杏ジャム

36……マトファーの木べら → 玉ねぎ炒め
木べらを使い分ける

40……マッシャー → マッシュポテト
ちょっと忘れがちな道具

44……イケアのグリルパン → パンや野菜
においの問題

46……ル・クルーゼのグリルパン → ラムチョップ
肉専用

48……かつお節削り器 → ねこまんま
即決三十秒

52……プジョーのペッパーミル → ガーリックライス
遠回りしないと出会えないもの

56……井山さんの目玉焼きパン → 目玉焼き
いいことずくめ

60……高橋良枝さん
チーズおろしで → じゃがいものニョッキ

66……圧力鍋 → ひよこ豆のカレー
使ってみると……あれ？

70……カムカム鍋 → 玄米おむすび
満を持して

74……缶切り → 蒸し豆腐
お茶目なやつ

78……菜箸 → トレビスのサラダ
箸先まで神経が？

82 ストウブのココット → トマトのスープ
小さいのに、一人前

86 **ケンタロウ**さん
鉄のフライパン で → チキンソテープレート

94 しりしり器 → ベトナム風サラダ
大らかな道具

98 ステンレスの保存容器 → 筑前煮
手際のコツ

102 鍋いろいろ → ごはん
ないならないで

104 バウルーのホットサンドメーカー → ホットサンド
台所道具の世代交代

108 クイジナートのプロセッサー → ビーツのスープ
スウィッチひとつで

112 マッシュルームブラシ → マッシュルームのソテー
それはそれでいいんじゃないか

116 **おさだゆかり**さん
北欧の鍋 で → サムゲタン

124 キッチンバサミ → タンドリーチキン
映画のシーンに憧れて

128 カトラリー → クッキー
蚤の市の戦利品

132 ストウブのクレープパン → お好み焼き
それが何か？

136 すり鉢 → くるみもち
よい加減な道具

140 鉄瓶 → お白湯
道具とのつきあい方

142 照宝のまな板 → 北京ダック風チキン
粉料理はこのまな板で

146 手 → 鶏ときゅうりの和え物
ちぎったり、もんだり、こねたり

148 **皆川明**さん
時間を楽しむための コーヒーの道具

154 食器棚と引き出し

158 問い合わせ先

本書レシピの計量単位は、カップ1＝200㎖、大さじ1＝15㎖、小さじ1＝5㎖です。

また、特に表示のない場合は、作りやすい分量です。

さくらんぼの種抜き

使いまわしは利かないけれど

パチン、パチン。初夏になるとこんな音が台所中に響き渡ります。

そう、さくらんぼの季節がやってきたのです。

毎年、この季節になるとスーパーや八百屋に並ぶさくらんぼをごっそり買い占めジャムを仕込むのですが、その時に活躍するのが、さくらんぼの種抜きです。

これを手に入れる前は、ペティナイフでひとつひとつ種を取っていました。だって、ただでさえ持ちすぎと言われている私の台所道具、これ以上増えたらしまい場所にも困るし、なんといっても用途が「さくらんぼの種を取る」ことしかないのですから！　季節限定、しかも使いまわしが利かない台所道具を持つということに、なぜだか後ろめたさを感じていたのです。

ところがおとどし、できあがったジャムを友だちにプレゼントしたところ、これが大好評。「もっと作って！」の声にすっかり気をよくした私は、「じゃ、種抜き買っちゃおう」となったのでした。きっとだれかに「買っていいんだよ」と背中を押してもらいたかったんでしょうね。

さて、その種抜きの使い心地ですが、これがなんとも気持ちよくて。パチン、パチンと音が鳴り響くたびにボウルに種抜きされたさくらんぼが落ちていく。この間、わずか五秒。「用途がひとつ」の道具はその用途の時に「ここぞ」という威力を発揮してくれるんだなあ……なんて、使うたびにしみじみしています。

さくらんぼの種抜き
←
チェリージャム

　毎年同じ材料で同じ分量で作ったとしても、同じ味になるとは限らないのがジャムの不思議。どうしてだろう。さくらんぼの産地が違うせい？　それとも水分が違うとか？……などとあれこれ考えながら挑みます。ジャム作り名人に言わせると、一番のコツはどうやら火加減のよう。「やけど覚悟で、強めの中火でがっと煮て素材の味を逃さないようにする」のですって。ぐずぐず煮ていると砂糖の味しかしなくなってしまう、なんて人もいましたっけ。

　私の経験から言いますと「強めの中火でがっと」だけ守り、あとはあまり慌てず、ひとつひとつの作業をていねいに進めれば、たいがいはおいしいジャムに仕上がります。ご安心あれ。

　ところで、このチェリージャム、味はもちろん見かけも好み。まっ赤な色がなによりかわいらしいし、ころりとした粒は愛おしいとさえ思ってしまうのは私だけでしょうか？　厚切りトーストにバターをたっぷり塗ったら、チェリージャムをこれまたたっぷりと……朝ごはんのたびに、おいしいなぁ、かわいいなぁと思える幸せは、ジャムを作った人だけの特権です。

アメリカンチェリー……500g
グラニュー糖……250g
レモン……1個

①アメリカンチェリーは種抜きで種を取る。
②鍋に①とグラニュー糖、レモンの絞り汁を入れ、やや強めの中火にかけ、煮る。
③木べらでたえずかき混ぜ、途中アクが出たらすくう。
④10分ほど、火を通したらできあがり。

使ってみないと分からない

金網、お箸、茶筒に包丁……京都には、台所道具の専門店がたくさんあります。それぞれあつかうものは違いますが、すべての店に共通しているのは品揃えに一本筋が通っているというところでしょうか。それは見た目の美しさだったり、使い心地のよさだったり。お店には「包丁売って何十年」というようなその道のプロがいることも珍しくなく、大船に乗った気持ちで商品についての質問や買い物の相談ができます。京都の台所道具で「ああ、失敗したな」と思うものってないのです。

打ち出しの鍋は、ここ何年かWESTSIDE33のものばかり。その名の通り、三十三間堂の西側に佇むこのお店、ひっそりとした店構えながら、ファンは多く、もちろん私もそのひとりです。ここで手に入れた鍋は、一〇個近く。その中で意外なほど出番が多いのが直径三〇センチ、深さ一〇センチのこの鍋です。

じつは同じ形のものをサイズ違いで三つ持っていますが、よく使うのが一番大きなこのサイズ。買う時はあまりの大きさに一瞬たじろいだのですが、形の美しさに惹かれたのと「実際に自分で使ってみないと分からない」という今までの経験も手伝ってとにかく買って使ってみよう、そう思ったのでした。

今まで深くて容量たっぷりの鍋は持っていたけれど、底の広いタイプは初めて。瓶の煮沸や、おでんを煮る時、ジャムを大量に仕込む時など、鍋の中に何がどれだけ入っているか一目瞭然！　お揚げなんかびっくりするくらいつやつやに煮上がっちゃう。やっぱり道具って使ってみないと分からないものです。

打ち出しの鍋

←おいなりさん

味を染み込ませる必要がある煮物って、少量作るより、一度にたくさん作った方がだんぜんおいしいと思います。おいなりさんの皮もしかり。だから私はお揚げは一度に三〇枚煮ることにしています。一瞬、え？　と驚かれますが、この鍋ならば、余裕で煮ることができるのです。

たくさん煮たらその日の晩ごはんはもちろんおいなりさん。ひとくちほおばると、甘辛く煮たつやつやお揚げから、じゅわーっと煮汁が出てきて、たまらぬおいしさ。冷凍しておけば、お弁当作りもらくちんだし、うどんの上にちょちょっとのせて、きつねうどんだってできちゃう。細切りにしてごはんに混ぜ込んでもおいしいし……と便利なことこの上なしなのです。

- お揚げ（小さめ）……30枚
- だし汁……600ml
- しょうゆ……180ml
- 砂糖……80g
- 酒・みりん……各100ml
- ごはん……適宜
- すし酢
  - 酢……100ml
  - 砂糖……大さじ1
  - 塩……小さじ1

①お揚げは半分に切り、湯通しして油抜きをする。
②やぶれないようにそっとお揚げを開き、袋状にする。
③鍋に②とだし汁と、しょうゆ、砂糖、酒を入れ、落とし蓋をして煮汁がなくなってきたら、みりんを入れ煮詰める。
④やや固めに炊いたごはんにすし酢を適量混ぜる。
⑤口の部分を折り返し、すし飯を詰める。

野田琺瑯の容器

夏の顔

夏になると、友人の畑から採れたての野菜がどっさり送られてきます。ずしっと重いその箱にはズッキーニやかぼちゃ、とうもろこし、オクラ、ナス……ありとあらゆる夏野菜が入っているのですが、驚くのはその量。なんせナス二〇個、とうもろこし一五本という単位なのですから。手を替え品を替え料理して、せっせと食べてもぜんぜん減らない。

ある時、きゅうりを三〇本いただいたことがありました。新鮮なうちにピクルスやたたききゅうりのサラダを作ったけれど、まだ二〇本近く残っている。

そこで考えたのがこの塩漬けです。ただきゅうりを塩でもみ、昆布ととうがらしを混ぜて蓋つきの琺瑯の容器に入れておくだけなのですが、これがなかなかのおいしさ。おやつのようにバリバリ食べたり、適当な大きさに切ってサラダに入れたり。生のままより保存も利くので夏の間はたくさん作り、冷蔵庫の特等席に置いておき、バリバリ、もりもり食べます。この容器ときゅうりの塩漬けは我が家の夏の顔、というわけです。

← きゅうりの塩漬け

きゅうり …… 10本
塩 …… 適宜
昆布 …… 適宜
とうがらし …… 2本

① きゅうりはピーラーで一部皮をむく。
② ①に塩をまぶし、漬ける器に入れる。
③ ②に切った昆布ととうがらしを入れ、全体をよく混ぜ合わせる。

野菜の水切り

パリッ、の理由

野菜の水切りを買ったのはじつはつい最近。友だちの家で、すてきなサラダを食べたことがきっかけでした。そのサラダ、レタスをフレンチドレッシングで和えて、上に裏ごししたゆで卵を散らしただけのシンプルなものですが、レタスの上のゆで卵がまるでミモザの花のようでとってもきれい。ドレッシングのからまったレタスが、あまりにみずみずしくおいしくて、びっくりしたのでした。

このサラダどうやって作るの？　と尋ねたところ、こんな答えが返ってきました。「レタスは冷水につけてパリッとさせて、その後、野菜の水切りでしっかり水気を切るの。ここが一番大事かな。あとはドレッシングでしっかり和えたらおしまい」なるほど。パリッ、の理由は水気をよく切ることだったんだ！

さっそく彼女が使っている野菜の水切りを教えてもらい、帰る道すがら雑貨屋さんに駆け込み、同じものを買ったのでした。

今まで、場所を取るからという理由で、野菜の水気はキッチンクロスで拭いていた私。水切りを使うようになって分かったのですが、洗った葉は、意外なほど水気を帯びているものなのですね。キッチンクロスでは拭き切れないはずです。水気を飛ばした葉っぱは、ドレッシングによく馴染んでそれはおいしい。もっと早く出会っていたら私のサラダ人生は変わっていたはずだなぁ。でも出会ってよかったな、なんて思っているのでした。

野菜の水切り
↓
クレソンのサラダ

　家の近くの小川のほとりに、クレソンがわさわさと生えている場所があります。友だちに連れられて初めて見た時は、その様子にびっくりしたものでした。だって、クレソンと言えばスーパーで添えものにしかならないような頼りなげなものが、ひと束数百円で売られているのしか見たことがなかったのですから！　小川の水をたっぷり吸ってすくすく育ったクレソン。一番おいしい食べ方はやっぱりサラダです。野菜の水切りで水気を切ったら大きなボウルにたっぷり盛って、オイルや塩をかけていただくだけ……なのですが、これがもうたまらぬおいしさ。しゃきしゃき、バリバリ。ひとくち噛むごとに、ほろ苦さと、いきのよさが口いっぱいに広がってなんとも幸せな気持ちになるのです。
　ステーキや、牛のたたき、ラムチョップ……好物の肉料理を食べる時も、このサラダを合わせて。肉料理の名脇役……と思いきや、すっかり主役に取り替わるほどの存在感。食べ終わる頃には、心も体もなんだかすっきり。小川の清らかな水のおかげかもしれませんね。

クレソン……2つかみ
塩……適宜
オリーブオイル……適宜
レモン……1個

① クレソンは冷水につけ、パリッとさせてから水切りで水気を切る。
② 器に①を盛り、塩とオリーブオイル、レモンの絞り汁をかけ、よく混ぜる。

砥石

自分で研いでみようじゃないの

料理上手で知られる知人の建築家は、旅先ではキッチン付きのアパルトマンを借りることが多いとか。その土地で採れる新鮮な野菜や、おいしそうな食材を使って料理をするんだろうなぁ、フムフム。と思って話しを進めると、なんと彼はスーツケースに砥石を忍ばせていくのだとか。「だってそういうところの包丁って切れないこと、多いでしょう?」ですって。人によって旅の支度はいろいろあれど、砥石とは。恐れ入りました。

刃物に関してはどう扱っていいか分からず、いつも研ぎ屋さんに研いでもらっていた私。その話しを聞いてから「よーし。刃物、自分で研いでみようじゃないの」とがぜんやる気になりました。でもね、何から始めたらいいのか全然分からない。「砥石」ってどれがいいんだろう? そんなことを思っていた矢先、刃物で有名な岐阜県の関市で見つけたのがこの砥石。「KING」というフォントにぐっときたのですが、見た目だけで選んでは……と思い、店のおじさんに使い心地を尋ねると「ああそれ、使いやすいよ。トマトなんかスパーッと切れるようになるねぇ」スパーッ!?

おじさんの気風《きっぷ》のいい話し方とスパーッという音の響きがなんだか心地よくなって、中仕上げ用のものと仕上げ用の砥石を二種類購入。シャー、シャーッ。以来、台所仕事に向かう時、包丁研ぎが習慣になりました。素材をスパーッと切る時の心地よさ、病みつきになりますよ!

KING
SHARPENING STONE
MADE IN JAPAN

砥石
←
ミネストローネ

にんじん半分、キャベツ四分の一個、玉ねぎが半分に、カリフラワーも少し残っていたっけ……。毎度のごはんのたびに食材をきっちり使い切れれば、冷蔵庫の中はいつもすっきりなのでしょうが、なかなかそうもいかないもの。

半端に余った野菜は、蓋つきの保存容器に入れて冷蔵庫のすみっこにストックしておき、そこがいっぱいになったのを合図に、ミネストローネを作ることにしています。冷蔵庫の整理を兼ねて作り始めたこのスープ、庫内がすっきりするだけでなく、胃にもやさしく野菜もたっぷり食べられて……といいことずくめ。今では、早く野菜のストックがたまらないかなぁ？　なんて思うほどになりました。

大きめのまな板を用意して、よく研いだ包丁で野菜を細かくみじん切り。切れ味増した包丁のなんと使い心地のよいこと！　トントントン、と切っていくうちに気持ちがすっきり、しゃっきりしてきます。

冷蔵庫などの余り野菜や豆
（にんにくと玉ねぎは必ず入れるようにし、あとは適宜なんでも。ただし経験上、ニラは入れない方がいいです）
オリーブオイル……適宜
塩……適宜

---

①すべての野菜を細かくみじん切りにする。
②鍋ににんにくとオリーブオイルを入れ火にかけ、香りを出す。
③玉ねぎを入れよく炒める。
④固い野菜から順々に入れていき、よく炒める。
⑤水をひたひたに注ぎ入れ30分ほど煮る。
⑥塩で味を整える。
⑦器に盛り、オリーブオイルをたっぷりまわしかける。

梅酢の仕込みは あの瓶で

「庭の小梅、もらってくれない？　たくさん採れちゃって……」おととしの梅雨前、友だちからこんな電話がかかってきました。さっそくかご持参で遊びに行くと、たわわに実った小梅の収穫のまっ最中。

「はいどうぞ」とその時出された飲み物が、梅酢を水で割ったもの。氷砂糖で作るシロップとは一味違い、きりりとした味わいながら、鼻の奥の方で梅の香りがプンッと広がる、なんとも粋ですてきな飲みものなのでした。

作り方はとても簡単、洗ってよく乾かした小梅を瓶に入れ、千鳥酢をひたひたに注ぎ入れるだけとか。「こっちは五年ものでしょう、これは三年もの。こっちは去年のもの」。スプーンでひとくちずつ味見させてもらうと、時が経つにつれ、酸っぱさの角が取れて穏やかな味に。色合いもだんだんと琥珀色になっていくのです。その梅酢のおいしさもさることながら、私がときめいたのは、梅酢の瓶がずらりと並んだその姿。そうだ、私も帰ったらあの瓶に小梅を仕込もっと。小梅がいっぱいに入ったかごを抱えて急いで家に帰りました。

「あの瓶」とは、私がいつも梅酒や梅シロップを漬ける時に使うガラスの密封瓶のこと。大きい方は二リットル、小さな方は一リットルと容量たっぷりながら、佇まいはどこか洗練された雰囲気。いくつ置いても台所の風景のじゃまにならないところが気に入っています。

あれから三年、ひとつずつ梅酢の瓶が増えてきました。友だちの家にはおよびませんが、ひとつふたつと瓶が増えてきてうれしいかぎりです。

← 果実酢

糸井重里さん

土鍋で杏ジャム

　信州の初夏の味といえば、なんといっても杏です。産地は北の方の千曲市というところ。そこには杏農園がたくさんありますが、いくつか渡り歩き、食べ歩いて「ここぞ」というものに出会ったのが四年前のことでした。

　さっそくジャム作りが趣味とおっしゃる糸井さんにお送りしたところ、「あの杏はすごいよ。すごいジャムができたよ」と、たいそう喜んでくださいました。

　その後、噂を聞きつけた糸井事務所のみなさんが、こぞって杏を取り寄せ、ジャム作りで盛り上がっている……という話しを聞き「来年はぜひみんなで杏狩りに行きましょう」とお誘いしたのが三年前のことでした。

　熟れ頃の杏がたわわに実った農園での杏狩りは、わいわいがやがや、とても楽しいひとときだったのですが、ただひとつ問題が。それは「生で食べると味がぼやけている」ってこと。いや、生の杏がおいしくないというわけではけっしてないんです。「ジャムにすると酸味が際だち、生のものより数倍おいしくなる」と言った方が正解なのですけれど……とにかくみんなで「来年は取り寄せて作りましょうね」ということに落ち着いたのでした。

　そしておととしの初夏、糸井事務所から「今年はそろそろですかねぇ？」という、杏うかがいの電話が。どうやら季節ごとの節目の行事のように、しっかり杏ジャム作りが暦に組み込まれている様子です。今までひとりでせっせと杏ジャムを作ってきた私は仲間ができたようで、うれしいかぎりです。

用意するものは杏とグラニュー糖だけ、といたってシンプル。

そこで気になるのは、おいしい！　とだれもが太鼓判を押す、糸井さんの杏ジャムのお味。糸井さんに秘訣をうかがうと「難しいことは何もしていないよ」なんておっしゃる。

いやいや、きっと何か秘密があるはずです。どんな道具を使っているのか。火加減は？　砂糖は何を使っているの？……うかがいたいことは山ほどあるのです。

そして、去年の初夏、念願かなってその様子を見せていただくことになりました。

ジャムを煮るのは、たいていが家の人が寝静まった夜。「だからだれかに作ってるところを見られるってことがないんだよね。今日はなんだか緊張するなぁ……」そうおっしゃいながらも、竹串を持ち、さっさっと手際よくヘタを取り始める糸井さん。時々鼻歌交じりで機嫌よく。でも手はいっときも休むことなく忙しそうに動いています。

「で、使う鍋はこれ」

テーブルにどん、と出されたのはなんと土鍋。長年おつき合いのあるという伊賀の窯元「土楽」のものなのだとか。熱の伝導率がとてもよく、ジャムを作る時はもっぱらこればかり使っているそうです。

土鍋でジャム？　この鍋が「おいしい」の秘訣？　難しいことは何もしていないんじゃ……とたじろぐ私を気にもせず、糸井さん、杏を半割りし始めました。

糸井重里さん

包丁をすっと入れて、くるりと手で回転すると……？　あれ。意外に簡単に種が取れるものなのですね。

「杏ってなんだかかわいいよね」と糸井さん。ブルーベリーに、りんご、いちご……毎年いろいろなジャムを作られるそうですが、杏が一番お好きなのだとか。

竹串を使ってひとつひとつていねいにヘタを取ります。地味だけど、こういう作業ってとても大事。

「手を意識して使ってね。ほら、こんな風に杏と砂糖を混ぜるんだよ。あんまり張り切りすぎると爪の間にグラニュー糖が入って痛いからねー」

杏と砂糖を混ぜてしばらく置き、水分があがったら、いざ！　土鍋の登場です。

アクはボウルに取っておいて、氷で割って飲むと、ペクチンの働きによってとろーりとろみが出てすてきな飲みものに。

最初、弱火で途中からは中火。土鍋を火にかけグツグツしてきたらていねいにアクをすくっていきます。短時間でさっと煮ること。
「かき混ぜる速度に規則性を持った方がいい。ジャム作りは芸術ではないからね、気分でいつもと違うことをしないこと」なるほど。

ほぼ日オリジナル、野田琺瑯のジャムロートを使い、煮上がったばかりのジャムを蒸し器で消毒した瓶に詰めていきます。「おいしくできるおまじない、種を1瓶にひとつずつ入れます」

蓋を逆さまにして、蒸し器で蒸すことおよそ30分。

じゃーん。こっくりおいしそうな杏ジャムのできあがり。

土鍋←杏ジャム

杏……好みの分量
グラニュー糖……杏の重量の50%

① 杏の実はヘタを取り、皮付きのまま半分に切って、種を取り除く。
② ①にグラニュー糖をよくまぶして半日そのままおく。
③ ②を土鍋でさっと煮る。
④ 蒸し器で消毒した密閉できる瓶に詰めて、さらに30分ほど蒸して完成。
※種をいくつか残して一緒に入れると香りがいいようです。

どこまでも続くジャムの旅

土鍋でジャムを煮る。コツをつかむまでそうとうな鍛錬が必要とされそうですが、できあがりのひとつの目安はアク。グツグツ煮ていくとある時ふっとアクが出なくなる時があるんですって。「そこを見逃さないようにね」とのことでした。後日、糸井事務所にうかがうと、「伊藤さーん、杏はね一度半干ししてから煮るとものすごくおいしくなるよ。俺はこれからジャムは全部、そうやって作ろうと思って！」と目をキラキラさせながらそう教えてくださいました。糸井さんのジャムへの旅はいったいどこまで続くのでしょうか……。

マトファーの木べら

木べらを使い分ける

出会いは合羽橋の道具屋街。使い勝手のよさそうな長さ二〇センチほどのものから、一〇〇人分の料理が仕込めそうな大きさのもの（！）まで、ずらり並んだ木べらに道具好きの血が騒いだのはいうまでもありません。柄を握ってみると、ピタッ。手に吸いつくように馴染むのです。「鍋底の丸みにもぴったり合いますよ」。お店のおじさんの言葉を聞いたその瞬間「二本……三本、いや、五本くださいっ」。前のめりな私におじさんはきっとびっくりしたことでしょう。

思えばこの木べらに出会うまで、いったい何本買い替えたことか。使い始めはいいんです。でも二度三度と使ううちに少しずつささくれだち始め、次第にそこに汚れが入るようになる。使うたびに「なんだかなぁ」と、やるせない気持ちになるやら「またですか？」と気持ちまでささくれだつやら……。でも、それも今日まで。ホクホクしながら木べらの入った紙袋を抱えて合羽橋を後にしたのでした。

さて、それから十年余りが経ちました。途中で何度か買い替えたものの、相変わらず私の台所にはマトファーの木べらが数本、火元の近くでスタンバイ。カレー用にはこれ、こちらはにんにくとオリーブオイル専用。他におだしを使う料理用、お菓子用などそれぞれ専用の木べらを決めて使い分けています。そんなにいらないじゃないって？　いえいえ、案外食べ物のにおいって気になるもの。このシステム（？）を導入してから、木べらで作る料理の味がどことなく洗練されたような気がするんですよ。

France
20
France
30
France
30
France
35
France
25

マトファーの木べら
↓
玉ねぎ炒め

この木べら、フランスの一流の料理人たちにも愛されているのだとか。なるほど。長時間使っても指先や手首がちっとも疲れない。持ち手の部分に刻まれた「France」という文字もかわいらしく、フランスかぶれの私としては、使い勝手のよさだけじゃない、そんなところも気に入りの理由のひとつになっています。

さて、これで何を作るかというと「玉ねぎ炒め」です。できあがるまでには、やる気と根気が必要ですが、マトファーの木べらを使えば、それさえも楽しいものに変えてくれる気がします。

できあがった飴色玉ねぎは小分けにして瓶に詰めて冷凍保存しておきますが、これが作っておくととても便利。カレーに、ハンバーグ、鶏とトマトの煮込み……と料理の幅を広げてくれること間違いなしです。薄くスライスした玉ねぎを「え、そんなに？」とひるむくらいのバターで炒めます。この時ばかりはカロリーがどうの、なんてヤボなこと言わずにフランス人になったつもりで大らかな気持ちでいきましょう。

玉ねぎ……大5個
バター……200g

① 玉ねぎは皮をむき薄くスライスする。
② 鍋（フライパンでも）を中火にかけ、バターをとかし、①を入れよく炒める。あまり火が強過ぎると焦げてしまうので火加減に注意して。

マッシャー

ちょっと忘れがちな道具

このマッシャーは、いつ買ったのか、どこで買ったのか記憶が定かでないのですが、十年くらい前から我が家の台所に控えめな様子で佇んでいます。というのも、毎日使う菜箸や木べらと違って出番はわりと少なめ。こう言っちゃなんですが、ふだんはちょっと忘れがちな道具、なんですね。しかしながら、コロッケやポテトサラダなんかのじゃがいもを使ったおかずを作る時には、これがないとどうにもならない。さつまいものペーストやスウィートポテトなんて素朴なおやつを作る時もそう。じゃがいもやさつまいものごろごろ感を残しつつ、なめらかなところはなめらかに。この微妙なさじ加減を出すのってなかなか難しいものですが、このマッシャーはいとも簡単にそれをやってのけてくれるのです。

木の持ち手をぎゅっと握り、鍋底目がけて蒸しあがったじゃがいもを押しつぶす……するとまるでムーミンの物語に出てくるニョロニョロのようなじゃがいもが小さな穴から出てくる。この様子がおもしろくておもしろくって。

穴の空いたアルミに木の取っ手をつけただけの、とてもプリミティブな道具ではありますが、使って楽しく作っておいしい、我が家の台所にはなくてはならない存在。「ちょっと忘れがちな道具」なんて言ったら申し訳ないですね。

マッシャー ← マッシュポテト

肉料理のつけ合わせに添えられることの多いマッシュポテト。お肉のソースがからんだなめらかなマッシュポテトを食べると、うっとり幸せな気持ちになります。フランスのビストロなどではこのつけ合わせが信じられないほどの量、盛られて出てきます。一瞬、皿からはみ出さんばかりのその量にひるみそうになりつつも、結局ぺろりと平らげてしまう私。そんな私のことを友人たちは、「胃袋はフランス人並み」と評してくれているようです。

自分で作る時は、一度にじゃがいもを三、四個使いたっぷり仕込みます。バターもたくさん、塩もきちんと利かせたマッシュポテトは、つけ合わせにしておくにはもったいないおいしさ。パンにつけながらぱくぱく食べてしまいます。娘もこのマッシュポテトが大好物。小さな頃は、ふかしたじゃがいもをマッシャーでつぶすのは娘の役目でした。今はもっぱら味見専門になりましたが、私に負けないくらいの量を食べる。どうやら娘の胃袋もフランス人並みのようです。

じゃがいも……大3、4個
牛乳……600㎖
バター……100g
塩……適宜
ローズマリー……1枝
（飾りなのでなくてもよい）

① じゃがいもはふかしてから、熱いうちに皮をむく。
② ①を鍋に入れ、牛乳を注ぎ入れ、弱火にかける。
③ マッシャーでつぶしながらなめらかにする。
④ ③にバターを入れよくかきまぜ、塩で味を整える。
⑤ 器に盛り、ローズマリーを飾る。

イケアのグリルパン

においの問題

クンクン、クンクン。お行儀悪いとは思いつつも、洗い上がった器や道具を拭いている時、ついついにおいをかいでしまうクセがあります。料理をしている時、台所に広がるおいしそうなにおいは「たまらないな」なんて思っているくせに、食べ終わって後片付けをしている時に道具についたにおいは好きになれないのです。「さて、料理するか」と張り切って台所に立つ時、まっさらな気持ちでいたい。いつもそう思っているのですが、そんな時、前に作った料理のにおいが台所や道具に残っているのがどうにも苦手で。

だから私は、木べらも鍋も耐熱の皿も、とにかくなんでもかんでも使い終わったらタワシでガシガシと洗ってしまいます。我が家はふつうの台所ですが、気分だけはプロの料理人が使うようなピカピカでこざっぱりした厨房のようでありたい、そう思っているのです。

そんな私がずうっと気になっていたことがありました。それはグリルパンについたにおいについて。というのも私、グリルパンでこんがりと焼き目をつけたラムチョップが大好物なのですが、簡単にはにおいが取れない！　パンや野菜を焼くときにどうしても肉のにおいがうつってしまうのが気になって仕方なかったのです。「まあしょうがないか」と目をつぶっていたのですが、ある時イケアでこれを発見。そうだ、肉用とそうでないものふたつ持てばいいんだ！　いそいそとカートに入れたのでした。

長年の懸念が取り払われた今、晴れ晴れとした気持ちでいっぱいです。

パンや野菜　←

肉専用

イケアのグリルパンを買い、今まで使っていたル・クルーゼのグリルパンは「肉専用」になりました。もともと肉料理の使用頻度が高かったとはいえ、専用にしたことで気持ちの収まりどころができてほっとひと安心です。

これを使って何を焼くかと言いますと、やっぱり好物のラムです。温めたグリルパンにオリーブオイルに漬け込んだラム肉をのせ、ジューッ。溝に落ちた余分な油をキッチンペーパーで拭き取りつつ、そのままジュージュー焼いていくと台所が立ちどころにいいにおいに……途中、焼き加減を確かめたい気持ちをぐぐっと抑え、頃合いを見計らって裏返す。するとこんがり焼き目がついて……なんておいしそうなんだろう！　ラムの脂の残ったグリルパンで、つけ合わせのじゃがいもを焼いたり（その場合は蒸したじゃがいもを使うと火の通りが早いですよ）、たっぷりのグリーンサラダを合わせても。

その日の気分によって添えるものはいろいろですが、赤ワインだけはお忘れなく。

ラムチョップ ←

ラムチョップ……６本
オリーブオイル……適宜
にんにく……ひとかけ
塩・胡椒……適宜
ローズマリー……１枝

① バットにちぎったローズマリーと叩いたにんにく、ラムチョップ、塩、胡椒、オリーブオイルを入れ味を馴染ませ、２、３時間冷蔵庫に置いておく。
② 焼く30分くらい前になったら室温に戻す。
③ 熱したグリルパンに②を入れ、両面こんがりと焼く。

即決三十秒

「今、枕崎に来てるんだけど、いいかつお節削り器見つけたの。もし持ってないんだったら絶対買った方がいいと思う。私から頼んでおこうかっ？」仕事で九州の枕崎を訪れているという友だちからの電話は、旅に出た高揚感からか、かなり興奮した様子。その勢いに圧されて、長年買いあぐねていたかつお節削り器を買うことが、わずか三十秒で決定したのでした。

　というのもこの人、私の友だちの中でも三本の指に入るんじゃないかというくらいの食いしん坊。料理の編集者をしているだけに、台所道具にももちろん詳しい。そして厳しい目を持っているのです。そんな人がここまで「いい」って言うんだもの、いいはずだわ。そんな安心感もあってのテレホンショッピング（？）なのでした。

　さて、今までどうして買わなかったかというと理由はふたつありまして、ひとつは、買ってはみたけど、面倒になって使わなくなってしまうんじゃないか？　という心配。もうひとつは、近所にかつお節屋があるのでそこで削りたてを買えばいいのかも？　ということ。……けれどもそれは杞憂に終わりました。「時と場合」によって使い分けることにしたからです。だしを大量に取る時はかつお節屋で買ったものを。お浸しなどにかける場合は自分で削ったものを。心と時間に余裕がある時は、どちらの場合も自分で削る。

　私にこれを薦めた友だちは「もう、削ったものは買わなくなった。それくらい使ってるよ」とのこと。いつか私もそんな風に言ってみたいものです。

かつお節削り器

↓

ねこまんま

青菜のおかか和え、かつお節のふりかけ、おかか炒め、お好み焼き……かつお節を使った料理は数々あれど、削りたてのかつお節の一番おいしい食べ方は、ねこまんまなんじゃないだろうかと思っています。

ごはんが炊き上がる時間を見計らい、かつお節削りをやおら取り出したら、シャッ、シャッ、シャッ……おしょうゆはできれば開封したての風味のよいものを。ふっくら炊きたてのごはんを飯碗によそい、かつお節をはらり。おしょうゆをほんの少したらしたら、とっておきのねこまんまのできあがり。ごはんの湯気で、おかかが機嫌よく踊りだし、それとともにふんわり香りもたってきて。あー、考えただけでお腹がぐーっと鳴ってしまいそう。こんな気持ちになるのは私だけではないようで、このねこまんまの話しをすると「私もそれ、買いますっ！」とみんながみんな鼻息荒い。その話しを前出の友だちに告げると、「そうでしょう、そうでしょう」となんだかとってもうれしそう。「やっぱりね、食べすぎたり飲みすぎたりした翌日は、これを食べればだいたい元気になるのよ」。疲れた体（おもに胃部分）と心にじんわり染み入る食べもの、それがこのねこまんまなのかな。

あ、それからもうひとつ。とっておきの食べ方が。それはおかか弁当。お弁当箱にごはんを薄くしいたらおかかをはらり。おしょうゆをたらり。を繰り返すこと三回。作家の向田邦子さんは外国旅行から帰ったら、必ずのり弁を作って食べたそうですが、私の場合は最近もっぱらおかか弁。ぜひお試しあれ。

プジョーのペッパーミル

遠回りしないと出会えないもの

仕事柄かなりの数の台所道具を見ているはずなのに、なかなか「これ」と思うようなものに巡り会えないものもある。その代表格がペッパーミルでした。そんな時は慌てずゆっくりと探せばいい……とは思いつつも、ないと困るものでもある。なので、ずいぶん長い間、パリのスーパーで売っている使い捨てのプラスティックのペッパーミルでやり過ごしていました。とはいえなんといってもパリ。無くなったらすぐ買い足しに行けるはずもなく「使い終わったら捨てる」ということに後ろめたさも感じて、次第に台所からフェイドアウトしていってしまいました。その後、これはどう？　こっちの方がいいかも？　そんなことを繰り返すうちに気がつけば十五年。

ある日、町をぶらぶらしている時、刃物屋の前で目に留まったのがこのプジョーのペッパーミル。二十代の頃は自分には少し立派すぎる、と遠巻きに見ていたプジョーのミルが、おいでおいでと手招きしているように見えたのです。吸い込まれるようにして店に入り、手にしてみるとあれ？　なんだかしっくりくるではありませんか。質実剛健な働きをするミルの部分を木肌がやさしく覆ったその姿に、ぐぐっと惹かれ、使ってみようかな？　そんな気になりました。それから二年。毎日、使うたびに味わいが増し、いっそう手に馴染んできたよう。立派すぎるなんて思わずに若い頃から手に入れていたら、今頃さぞかしい い味になっていたのにと思う反面、でも遠回りしないと出会えないものだったのかも？　などと思っています。

プジョーのペッパーミル
↓
ガーリックライス

紹興酒たっぷりの鶏の煮麺の仕上げにガリッ。焼きあがったステーキにガリガリッ。トマトとモッツァレラチーズのサラダにも、ポタージュスープにも。あまりに身近すぎて気がつかなかったけれど、一日に一度は必ず、いやもしかしたら何度もペッパーミルのお世話になっているかもしれません。できあがった料理の味をぴりりとひきしめてくれるのと同時に、黒胡椒がかかったその様子、なんとも食欲を誘うではありませんか？

ガーリックライスはその代表格。バターでにんにくを炒め、香りを出したら、ごはんを入れて塩と胡椒で味をつける。使う材料も少なく、作り方もとても簡単ですが、それだけに胡椒の味も引き立つというもの。じつはこの料理の主役のにんにくと張り合うぐらいの存在感なのが、粗めに挽いた胡椒だと思っているのです。できあがったガーリックライスは器に盛り、仕上げにもう一度、ミルで胡椒を挽いたら完成。この胡椒二段活用ガーリックライス、とってもおいしいのです。

ごはん……お茶碗2、3杯
にんにく……ひとかけ
塩……適宜
胡椒……適宜
バター……適宜

① フライパンを熱し、バターをとかす。
② 芯を取り薄くスライスしたにんにくを①に入れ香りを出す。
③ ②にごはんを入れよく炒める。
④ 塩で味を整え、胡椒をたっぷりふる。

井山さんの目玉焼きパン

いいことずくめ

ころりとした風貌がかわいらしいこの器、名前は「目玉焼きパン」というのだとか。直火にかけられ、オーブン料理などにも使え、そのままテーブルに出してもサマになる……といいことずくめの器なのです。

器を作った陶芸家の井山三希子さん、目玉焼きが大好物なのかしら？

「最初は羊飼いのパイと呼ばれるイギリスの家庭料理・シェーパードパイ用の耐熱皿を作ったのがきっかけだったんです」と井山さん。パイをオーブンから出す時に、手のついた耐熱皿があったら便利だなぁと思ったのがきっかけだったのだとか。「じっさいに作ってみたらフライパンにも使えることに気がついて、めでたく目玉焼きパンになったんですよ」。

朝食用の目玉焼きはもちろん、夜のごはんには油抜きした油揚げを焼いて、しょうがとネギをのせ、しょうゆをたらして食べたり、レンコンと長芋を厚切りにして、オリーブオイルでじっくり焼き、柚子胡椒としょうゆで食べたりしているそう。うーん、すっごくおいしそう。じゃこと玄米の焼きめしを作る時は、ヘラで玄米を押しつけるようにして、お焦げを作るんですって。さすが、おいしいもの好き、お料理好きの井山さん、聞けば聞くほど、目玉焼きパンを使ったレシピが出てきそうです。

井山さんから使う時の注意点をうかがうと「オーブンや火にかける時は、必ず器の裏の水分をよく拭いてから使ってくださいね」こんな答えが。これなら気軽に毎日使えそうです。

井山さんの目玉焼きパン

← 目玉焼き

熱したフライパンに卵を割り入れ、火が通ったら塩と胡椒で味つけすれば、はい、できあがり。目玉焼きって作り方はとても簡単なはずなのに、おいしく焼くのってなかなか難しい。焦がさないように焼くことはもちろんだけれど、そのことばかりに気をとられて、弱火でぐずぐず火を通すと、なんだか頼りなげな味になってしまう。こういうシンプル極まりない料理こそ、年季や経験がないと上手に作れないものだなと思います。

私の好みの目玉焼きは、白身はふんわりやわらかく、黄身は表面にフォークを刺すととろーり流れ出すようなやわらかさのもの。そこにパンやパンケーキをひたしながら食べるのです。考えただけでおいしそうではありませんか？

コーヒーの香りや、卵のジュージュー焼ける音、お皿やカトラリーを用意する音……出かける時間を気にせずに、さて今日は何をしようかななんて考えながら、のんびり食べる休日の朝ごはんは、何にも替えがたい幸せです。そんな朝のテーブルには、やっぱり目玉焼きがふさわしい、そう思うのです。

遅く起きた朝は、目玉焼きパンに卵を割り入れ、目玉焼きを焼きます。年季が必要、なんて言ったけれど、おいしく焼くのに一番大事なのは、失敗してもまあいいさ、という大らかな気持ちになること。たとえ失敗してしまったとしても、お茶目な顔した目玉焼きパンがテーブルにのっていれば、それだけでいいんじゃない？　なんて思うのです。

高橋良枝さん

チーズおろしでじゃがいものニョッキ

旅先の高知の雑貨屋さんで手に入れたというチーズおろしは、今までに使ったどんなものより使いやすいのだとか。

「だし汁をもう一度見つめ直そう」「気になるあの人たちの本棚」「思い出の宝物」「今年のクリスマスはフルーツケーキを」……これすべて高橋さんが編集長を務める「日々」という雑誌で紹介された特集や記事のほんの一部です。

自分たちが作りたい雑誌を作ろうと、高橋さんとその仲間が集まり、二〇〇五年に創刊された「日々」。年四回の刊行で現在、二七号目となりました。料理や工芸、旅、人……高橋さんによって編まれるその内容は、ジャンルにとらわれることなくじつにさまざまですが、すべてに共通しているところは読み終えた時、ほっと心がなごんでいるところ、かな。

途中、子育てで仕事をいったん休んでいた時期もあるそうですが、編集者歴ウン十年のベテラン。私と同年代の息子さんとお嬢さん（なんとお孫さんまで！）がいるとは思えない高橋さんですが、お会いするたび何よりびっくりするのはエネルギッシュでおもしろがりなところ。こんなところを旅したとか、おいしいお店に巡り合った、と報告をすると、「へぇ！　それでそれで？」なんて、目をきらきらさせて話しを聞いてくれる。この「おもしろがり」が、「日々」を作る原動力になっているんだろうな……と思っています。

ところで高橋さん、料理家と料理のページを作ったり、仲良しのイタリア料理店のオーナーと食べ歩きの旅をしたり、常に「おいしいもの」のアンテナを張り巡らせていらっしゃいますが、ご自身の料理の腕もプロ級。今までに何度か、ご自宅におじゃましてて高橋さんのお料理をごちそうになるという幸運に恵

「同世代より40代くらいの人の方が話が合うのよ〜」とおっしゃる高橋さん。年を重ねたらこうなりたいな、と思わせてくれる人生の先輩のひとりです。

まれましたが、毎回、前菜から始まりデザートまで一皿ずつサーブされるフルコースのスタイル！　高橋さんはその間、キッチンに立ち通し。洗い物係をかってでても、「いいわよ、いいわよ。あとでまとめてするから」なんておっしゃるので、キッチンをしげしげと見ることができないでいました。そこで気になるのが、高橋さんのキッチンです。あの小窓の向こうはいったいどうなっているの？　どんな道具を使っているんだろう。今度、ゆっくりキッチン見学しに行っていいですか？　とお願いすると「いいわよ、じゃあお昼はじゃがいものニョッキを作るわね」とうれしいお返事をいただきました。

「道具は、買い揃えるというより、あるものを見直すことにしているのよ」たとえばこれ。と見せていただいたのは行平《ゆきひら》の鍋。これを型にして毎年りんごたっぷりのタルトタタンを作るのだとか！「レモン絞りは四十年以上使っているし、だしのこし網も何十年も前から使ってる。考えてみると、このこし網が台所道具の中で一番仲良しかもね」。

新しい道具は買わなくなったという高橋さん。「あ、でもこのチーズおろしは五年前に買ったばかり。チーズをおろすだけじゃなくって、レモンの皮でしょ、お肉料理に使うナツメグもこれを使って。チーズおろしは今までに何台も使ったけれど、どれよりも使いやすいわね」。

今日のニョッキにもこのチーズおろしが大活躍するとか。

さっそく使っているところを見せていただくことになりました。

せっせとニョッキの準備をしてくださる高橋さん。私はいつもダイニングのこの位置から高橋さんの料理している姿を拝見しています。左横から顔をだしているのは、愛用のだしこし網。

バターとレモンの香りがプーンと漂って、なんとも幸せなにおい。

レモンの表皮を削っても目がつまらず、無駄も出ないとか。歯がとがっていないので危なくないという利点もあり。

じゃがいもたっぷりのニョッキの完成。「冷凍もできるから多めに作っておくと便利よ」

チーズおろし
←

じゃがいものニョッキ・レモンバターソース

（4人分）
- じゃがいも……500g（大3、4個）
- 小麦粉（強力粉）……150g
- 卵黄……1個
- パルミジャーノ（削って）……大さじ2
- ナツメグ……適宜
- ソース
  - バター……50g
  - レモン表皮……1個分
  - レモン絞り汁……1/2個分
  - 塩・粗挽き白胡椒……適宜
- パルミジャーノ

① じゃがいもはふかすか茹でて、熱いうちに皮をむきボウルに入れる。
② フォークまたはマッシャーで粒がなくなるまでつぶし、小麦粉を入れてよく混ぜ合わせる。パルミジャーノとナツメグも加える。
③ 卵黄を同量の水でといた玉子液を加えて、耳たぶ程度の固さに練り上げ、4等分にする。
④ 台に打ち粉をし、両手のひらで優しく転がすように延ばして、約1cmの太さにする。
⑤ 端から好みの長さに切り、粉を薄くふって、バットの上に重ならないように置く。指やフォークでくぼみや筋を付けると、ソースがからみやすくなる。
⑥ たっぷりの湯を沸かし、粗塩を加えてニョッキを茹でる。
⑦ フライパンにバターを入れ、弱火でとかし、レモンの絞り汁を加える。
⑧ 浮いてきたニョッキを網などですくって水分を切り、⑦に入れる。
⑨ すべてのニョッキを入れたら、削っておいたレモンの表皮を加え、ソースが固そうなら茹で汁も加えて、味をみて塩気が足りなければ塩をふる。
⑩ ⑨を器に盛り、パルミジャーノを削ってふりかける。好みで粗挽き白胡椒もひく。

シンプルなニョッキにたーっぷりパルミジャーノをおろして。「雪のように削れるでしょう？」と高橋さん。

これさえあれば！

「削る時に力がいらないから、すごくいいのよ。最近買って一番よかったと思っている道具ね」ですって。

チーズおろしはチーズだけでなく、レモンやしょうが、にんにく、硬くなったパンなどありとあらゆるものをおろしているとか。「肉料理には欠かせないナツメグも必ずこれで」なるほど。ついつい張り切りすぎて、手をがりっと擦ってしまい、すっかりおろし器恐怖症になっていたのですが、これなら……と、俄然買う気になった私。なにしろこれさえあれば、この雪のようにふわふわのチーズがたっぷりのったニョッキが味わえるんですものね！

圧力鍋

使ってみると……あれ？

鍋好きを自認しているくせに、使うのをためらっていた鍋があります。それは圧力鍋。実家の母は圧力鍋を使わない人だったので、私にとって身近な台所道具ではなかった、ということもあるでしょうが、一番の理由は「どうやって使うか分からない」ということ。そしてちょっぴり、火にかけている時に鳴るあのシューシューした音がこわかったんですね。圧力鍋を使っているかいないかについて友人知人に調査したところ「私も使い方がイマイチ分からなくって」と買いあぐねている人もいれば「ないと困る。ほぼ毎日、使ってますよ」という人も。調査結果をまとめると「使いこなせば、すっごくいい道具」ということのようでした。

それから数日経って、友だちからこんな手紙とともに、荷物がひとつ送られてきました。「ずいぶん前に買ったんだけど、箱に入れたままずっと納戸にしまいっぱなしだったの。もしよかったら使って」。ふいにやってきた私の圧力鍋生活。「出会い」って案外こんなものなのかもしれませんね。

さっそく説明書を読み込み、使ってみると……あれっ？……と、拍子抜けするくらい簡単。ためらっていた時間はいったいなんだったのだろう。それからというものこの鍋を使うのが楽しくて。ゆっくり鍋を火にかけ、くつくつ煮る時間も捨てがたいものがありますが、おいしいものを短時間で仕上げてくれるこの鍋の存在は大きい。今ではこわいと思っていたシューシュー音さえも「あ、もうすぐできあがるな」なんて、おいしい合図代わりになったんですよ。

圧力鍋
←ひよこ豆のカレー

「豆を煮る」というと、前の晩から水につけておき、翌日時間をかけて鍋でことこと……というイメージがありますが、圧力鍋を使うようになってからは、その手間がなくなりました。とつぜん食べたくなる好物のひよこ豆。今まではったら煮る時間も待てなくて缶詰のものを使うこともありました。

けれど今はストックしている乾燥豆と圧力鍋さえあれば、あっという間に煮上がってしまいます。おかげで夏の定番、ひよこ豆のカレーを作るのもらくらく。ひと夏あたりの登場回数がぐっと増えました。多めに煮て煮汁ごと冷凍しておけば、カレーだけでなくフムスやスープなどにも使えてとても重宝。これもひとえに圧力鍋のおかげです。

乾燥ひよこ豆……200g
合いびき肉……400g
にんにく……ひとかけ
玉ねぎ……中1個
カレー粉……大さじ3
オリーブオイル……適宜
トマトジュース……300㎖
塩……小さじ2
ターメリックライス……適宜

① 乾燥ひよこ豆は水に1時間ほどつけておく。
② ①を圧力鍋に入れ、水を2カップ入れ、火にかけ圧力がかかったら弱火にして5分で火を止め圧力が収まるのを待つ。
③ にんにくと玉ねぎをみじん切りにする。
④ 鍋にオリーブオイルを熱し、にんにくを入れ香りが出たら玉ねぎを入れてよく炒める。
⑤ ④に合いびき肉を入れ、火が通ったら水切りしたひよこ豆を1カップ入れざっと炒める。
⑥ ⑤にトマトジュースとカレー粉を入れ汁気がなくなるまで煮る。
⑦ 塩で味を整える。

満を持して

圧力鍋との関係（？）もだいぶしっくり馴染んだ頃、「そろそろ」と言ったらいいのか「いよいよ」と言ったらいいのか、とにかく満を持して使う運びとなったのがカムカム鍋。

「それなんですか？」という人のために簡単に説明するとですね、圧力鍋専用の陶器の内釜のこと。これを使うと火加減や水加減の失敗がなくなる上、遠赤外線効果で玄米がふっくら、もちもちに炊けるのです。

圧力鍋を使い始めた時のように、最初はおそるおそるというかんじだったカムカム鍋ですが、こちらも慣れてくると、案外気楽に使えることが分かってきました。そうなればしめたもの。七分づきの玄米にアマランサスをほんの少し混ぜてみては？　今日は玄米にあずきを入れてみよう……ぴかぴかつやつやに炊かれた白米はもちろん大好物ですが、それと同じくらい玄米や、玄米に五穀米や豆などを混ぜ込んだごはんも好き。

今日はどんなおかずを作ろうかな？　と考えるのと同じで、今日はどんなごはんを炊こうかな？　と、あれこれ考える時間が楽しくて。この鍋のおかげでごはんに対する考えが広がったし、自由になった気がしています。

さて、カムカム鍋が我が家にやってきてから、来る日も来る日もこの鍋を使っている私。使う頻度に比例するかのように、棚に豆や、赤米、黒米、ヒエ、アワなんかの穀物が入った瓶が増えてきました。そのうち、みんなに、えっ？と驚かれるような雑穀米レシピがうまれるかもしれません。

カムカム鍋←玄米おむすび

私の場合、健康のためとか、体のためというより味が好きという理由で食べている玄米。カムカム鍋で炊くようになってから、その好き度合いがいっそう高まってきたように感じています。というのも、炊きたての熱々がおいしいのはもちろん、冷めてもつやつやモチモチのままなのですから！　特におひつの中で冷ましたごはんのおいしさったら。おじゃこや漬物なんかとの相性もよく、いくらでも食べられそうないきおいです。

そしてもうひとつ、食べるたび「うーむ」とうなりたくなるのが、この玄米おむすび。見かけはとっても素朴ですが、噛めば噛むほど味わい深く、どっしりした味わい。朝、炊いた玄米が余ったら塩むすびにしておき、出かける時にバッグに忍ばせ移動中の電車や車の中でパクリ。今まではお腹が空いた時のためにおやつを用意していましたが、玄米おむすびを持つようになってからはこれ一筋に。いつでも腹ペコな私のよき相棒となってくれています。

玄米……2合
水……360㎖

① カムカム鍋に玄米と水を入れ、蓋をし、圧力鍋に入れる。圧力鍋の中に水を8割ほど入れる。
② 始めは強火で圧力をあげていき、おもりが動いたら弱火にし60分炊く。
③ 火を止め、圧力が収まったら、蓋を開けしゃもじでさっくり混ぜ合わせる。
④ 手に塩をつけ、炊きあがった玄米を熱いうちにおむすびにする。

缶切り

お茶目なやつ

プルトップで開ける缶が多くなったこともあり、最近、缶切りを使う機会がめっきり減ったような気がします。缶詰めを使った料理を作ることがあまりないことも手伝って、缶切りはずっと持たずに過ごしていました。缶を開けなければいけない時はどうするかって？　そんな時は、キャンプ用のアーミーナイフについているものを使ってやりすごしていたんですね。

ところがある日、美術館のショップでこの缶切りを発見。赤い持ち手がなんだかお茶目で愛らしい。妙に惹かれるなぁ、でもどうしてミュージアムショップに缶切り？　と不思議に思っていると、お店の人が「それ、柳宗理さんデザインなんですよ」と教えてくれました。なるほど。ステンレスのボウルや、ミルクパンにフライパン……柳先生デザインのものは、家にもたくさんありますが、缶切りの存在は知らなかったなぁ。

これが製品化されたのは一九七〇年。四十年以上経った今でも変わらず日本の台所で愛され続けているとは！　シンプルで美しいデザインは、時代に流されないってことなのでしょう……。

使い方はとっても簡単です。缶のフチにかちゃりとセットしたらあとはハンドルをくるくるまわすだけ。力いらずなので、今まで面倒に感じていた缶を開ける作業も苦になりません。それどころか、ちょっと楽しくさえ感じるようになったんですよ！

ハンドルは必ず
矢印の方向に廻
して下さい。

缶切り ← 蒸し豆腐

今日のごはん何にしようかなぁ。いつもはあれ作ろう、これ食べようと頭にたくさん思い浮かぶのに、これと言って食べたいものが見つからない日がごくたまにあります。そんな時に作るのがこの蒸し豆腐。蒸籠の中でじっくり蒸されたほかほかの豆腐をひとくちほおばると、ああ、そうそう。お腹と胃にじんわり染み渡るこんなやさしいものが食べたかったんだと、しみじみします。

缶切りはあまり使わない……と言ったけれど、この蒸し豆腐を作る時だけは別。缶を開けたら、水切りした絹ごし豆腐の上に缶詰の帆立を汁ごとのせて、あとは蒸すだけ。蒸籠ごとテーブルに持ってきて、みんなが見ている前で、蓋を開けると蒸気がふわー。「わー、おいしそう。やっぱりおうちで食べるごはんっていいね」なんて声が聞こえてきたりして……じつは、そんなに手をかけていないのにね。

今日はお酒も飲まずに、あとはゆっくりお風呂にでも入って、体を休ませてあげよう。たまには、そんな日があってもいいと思うのです。

- 絹ごし豆腐 …… 1丁
- 帆立の缶詰 …… 1缶
- ごま油 …… 適宜
- 塩 …… 適宜
- 胡椒 …… 適宜

① 豆腐一丁が入る器に、水切りした絹ごし豆腐を入れ、その上に缶詰の帆立を汁ごとのせ、蒸籠で30分ほど蒸す。

② 仕上げに、ごま油をまわしかけ、塩で味を整え、胡椒をたっぷりふりかける。

箸先まで神経が？

京都を訪れるとたびたび覗くのが、錦市場の中にある台所道具専門店の有次《ありつぐ》。ガラスのショーケースの中にずらり並んだ包丁にホレボレし、棚に並んだ端正な台所道具の数々にうっとり。錦市場の活気も手伝ってか、私の買い物心が、ものすごーく刺激される、そんなお店です。

ここで毎度買うことにしているのが、この菜箸。天ぷら粉をそっとかき混ぜたり、焼き魚をひっくり返したり、鶏ひき肉のそぼろを作ったり……私の神経が箸先まで伝わっているの？　と思うほど繊細な動きをしてくれます。姿形は控えめですが、これがなければ台所仕事は務まらない、じつに頼りがいある存在なのです。

頼りの道具ですもの、足りなくなったら大変とばかりに一膳、二膳、買い揃えるうち、結構な数の菜箸の量に。そこで今まで木べらや灰汁《あく》取りなんかを立てていたガラスの道具立てから菜箸だけを独立させ、専用の器に入れ火元の近くに置くことにしました。

……やむにやまれず始まった感じの菜箸の独立でしたが、これが、なんでもっと早くこうしなかったんだろう？　というくらいの使いやすさ。道具立てからがさごそ探し出すうち、茹ですぎたり焼きすぎたりしていたあの失敗は一体なんだったのだろう？　必要な時、さっと取り出しささっと使う。料理にはタイミングや思い切り、勢いのようなものが必要だなぁと常々感じているのですが、その「ここぞ」というタイミング、おかげで逃すことがなくなりました。

菜箸 ← トレビスのサラダ

どんなにすてきな器でも、盛りつけが美しくなかったら魅力は半減してしまいます。逆に盛りつけが美しかったら、つたない料理でも、その心意気は伝わるもの。「見かけじゃないよ」なんて言われてしまいそうですが、いえいえ、テーブルの上の風景が美しいと、気持ちまで豊かになるものです。本当に。

けれども盛りつけって、案外難しいものです。うまくやろうと思えば思うほど、なんだかよそよそしくなってしまう。そんな時は、菜箸をひょいと片手に持って、軽やかに盛るといいようです。ガラスの器にトレビスのサラダを盛る時は、いつも緊張が走りますが、あまり考えすぎず、気持ちを楽にして盛りつけます。できあがったらテーブルのまん中へ……いつものテーブルもこのサラダがあるだけではなやいだ雰囲気になるから不思議です。

ちょっとほろ苦いサラダはテーブルの上で人気者。たくさん作ってもいつもあっという間になくなってしまいます。しゃきしゃきした歯ごたえと、酸っぱくてほろ苦い味わい。そして何より美しい色合いが人気の理由かな。

トレビス……1玉
白ワインビネガー……70㎖
オリーブオイル……50㎖
塩……適宜
胡椒……適宜

① トレビスはよく洗い、水気を切り、千切りにする。
② ボウルに白ワインビネガーとオリーブオイル、塩、胡椒を入れ、よく混ぜる。
③ ②に①を入れ、菜箸でふわりと和える。

ストウブのココット

小さいのに、一人前

シャンパーニュ地方を旅した時に入ったビストロの厨房に、ストウブの鍋が何十個となく積まれていました。ストウブには赤やオレンジ、黄色など明るい色合いのものもあるけれど、ここのものはすべて黒で統一。骨太で男らしいその光景にほれぼれ見とれていると、そこにいたシェフが「この鍋は、僕たちフランスの料理人にとって心のようなものなんだよ」と声をかけてくれました。

かのポール・ボキューズ氏も絶賛し、三ツ星のシェフたちがこぞって使っているというストウブの鍋。噂は耳にしていたものの、こんな風に実際に使っているところを見てはじめて、この鍋がいかに料理人たちの心をとらえているかが理解できたような気になったのでした。

翌日、町をぶらぶら歩いていると、荒物屋のような店のウィンドウに、ほうきやマルシェに持っていくようなかごなんかと一緒に、ストウブの鍋が並んでいるではありませんか。旅もまだ中盤にさしかかったところだし、荷物を増やすのは控えなくては……と思っていた気持ちはどこにいったのか。積み重なった小さなココット・ラウンドと呼ばれる丸いシチューパンを指差して「これをふたっつください」と店のおじさんに向かって言っていたのでした。

どうして一番小さなサイズを選んだかというとですね、小さいのに、使い勝手は一人前、しかもまっ黒な色合いがどこか凛々しくて。このアンバランスなところにぐっときて、というところでしょうか。

ストウブのココット
←
トマトのスープ

素材を熱することによって出た水蒸気が、蓋の内側についた「ピコ」と呼ばれる丸い突起に伝わり、雨のようになって鍋の中に落ちていく。それがまた水蒸気となりピコに伝わり……つまり、鍋の中で対流することによって素材の持つうまみをぎゅっと閉じ込める、というのがストウブの鍋のおいしさの秘密なのだとか。

それを聞いた時はなんとなく「ふーん」なんて思っていたのですが、夏の定番トマトのスープをはじめてこの鍋で作った時、なるほどねぇ、としみじみしました。なんだか、トマトのおいしさが鍋の中でぎゅうっとひとまとめになったような、鍋の中に夏が閉じ込められたかのような、そんな味わい。

いつもの作り方と同じなのにすごいなあと感心したのでした。ざく切りにしたトマトと水、にんにくなどを入れたらあとは蓋をして弱火でコトコト煮るだけ。蓋を開けた時、ふわりと漂う夏のにおいは私を幸せな気分にしてくれます。

完熟トマト……小さめ2個
にんにく……ひとかけ
モッツァレラチーズ……1個
塩……適宜
胡椒……適宜
バジル……4枚

①トマトはざく切りに。にんにくは叩く。
②ココットに①、ちぎったモッツァレラチーズ、水を8分目くらい、塩を入れ、蓋をして弱火で15分ほど煮る。
③煮上がった②に胡椒をふり、バジルの葉をのせる。

ケンタロウさん

鉄のフライパンでチキンソテープレート

フライパンはガス台の下が定位置。どれもよく使い込まれていて味わい深いものばかり。

鍋はたくさん持っているくせに、じつはフライパンを持っていない私。いえね、お弁当作りに使うような小さなものならあるんです。でも、お肉をじゅうじゅう焼いたり、大人数のチャーハンをざっざと炒めたりする時に使うような、いかにも「フライパンでござい」といういでたちの鉄のものがないのです。

青菜を炒める時は中華鍋を使うし、お肉を焼くのはたいていがグリルパンで。「……じゃあいつフライパンを使うの?」と思われてしまいそうですが、料理しているとたびたび、こんな時、フライパンがあったらいいなぁと思う時が出てくるのです。

欲しい。欲しいけど、どんなものがいいんだろ?……と考えた時に、まっ先に思い浮かんだのが料理家のケンタロウくん。なぜか私の頭の中の彼のイメージはいつもフライパンと一緒。それも持ち手まで鉄の、私の憧れているタイプ。

もしかしたらケンタロウくんは、日本一フライパンが似合う男なんじゃないかなぁ? なんて思っています。

ジャッ、ジャーッ、ジュージュー。ケンタロウくんの本を見ていると、ページからおいしいにおいと一緒に音も飛び出してくる、そんな気になるのは私だけでしょうか?(じっさい、こんがりかりっかりに焼かれた鶏肉のページに鼻を近づけ、においをかいだこともあり)音の正体はもちろんフライパン。肉でも野菜でも、ごはんでも。あっという間に、おいしそうなごちそうを作ってしまう。わ、食べてみたい。作ってみたい! これほど胃袋を、むぎゅっとわし

づかみする料理家ってそんなにいないんじゃないかな、と思っています。

噂によるとケンタロウくん、そうとうなフライパン持ちとか。いったいどんなフライパンを持っているの？　一番使いやすいのってどんな形？　仕事場におじゃまして、見せていただくことになりました。

「このフライパンは一人暮らしを始める時、実家からちょうだいしてきたもの。母親の代からだから、使い始めて三十年以上は経ってるんじゃないかなぁ？」まずはなんとも味わいのある鉄のフライパンを見せてくれました。

「仕事ではやむなく樹脂加工のものを使うこともあるけれど、基本的には鉄一筋。かりっと焼けるとか、焼き目のつき方が違うとか、料理家っぽいことを言うと、そんなところなんだけど、じつはなかなか一筋縄でいかないところが好きなのかも」

ケンタロウくんが愛してやまないという鉄のフライパン、毎日使っているにもかかわらず、日によっては、うまく焼けなかったり、くっついてしまうことがあるとか。そんな日は、つい「お前、今日どうした？」なんて声をかけたくなるのだと言います。

「見ているだけじゃしょうがないので、料理始めます！」鶏肉を出して下処理を始めるケンタロウくん。ああ、今日はあのジュージューやジャッ、なんて音がじっさいに聞けるのですね。

フライパンのご機嫌がいいといいのですけれど！

VHT

好きなものだけに囲まれたケンタロウくんのキッチン。かわいらしいものも数あれど、漂う空気は「男子」。

愛用しているのは中尾アルミの26センチのもの。「フタはあってもなくてもいいんだけど、持つとしたら透明なタイプがオススメ。どうしてかって？　中身が見えて焼く時、気分がもりあがるから！」

みんな同じに見えるけれど深さや立ち上がり、ちょっとした角度などがそれぞれ少しずつ違うらしい。「ほら、これなんかは持ち手の角度がちょうどいいでしょ？」

余分な油は取りながら、焼いていくと……うわっ、かりっとおいしそうになってきた。

肉を焼く時のおいしさの秘訣、ケンタロウくんを見て分かりました。それは「ひるまない」ってこと。油はねなんて気にせず、強火でジュージュー焼こう。

食べやすい大きさに切ってごはんやサラダと一緒に盛り付けワンプレートに。「いろんなソースで鶏を味わって」。

フライパン←チキンソテー

（2人分）
鶏もも肉……2枚
じゃがいも……2個
a
アンチョビ……3〜4枚
ドライトマト……4個
オリーブオイル……大さじ1
おろししょうが……ひとかけ分
しょうゆ……大さじ1
水……大さじ1
b
白いりごま……大さじ1
みりん……大さじ1/2
ごま油……小さじ1
オリーブオイル……大さじ3
塩……適宜
胡椒……適宜
ゆず胡椒……適宜
麦ごはん……2人分

①じゃがいもは芽を取り除いて皮付きのまま5㎜厚さの半月切りにする。鶏肉は脂身を取り除いて身には包丁で数本切り込みを入れ、皮には包丁で数か所穴をあける。

②たれを作る。aのドライトマトは湯に浸して柔らかくし、みじん切りにする。アンチョビもみじん切りにする。aの材料を混ぜ合わせる。bの材料も混ぜ合わせる。

③フライパンを熱してオリーブオイルをひき、じゃがいもを入れて強めの中火で焼く。あまりいじらずにたまに返しながらじっくり焼く。焼き目がついたら皿に取り出し、塩2つまみをふる。

④フライパンの油を大さじ1残してふき取る。熱して鶏肉を皮を下にして入れて塩、胡椒をふる。蓋をして強めの中火でじっくり焼く。焼き目がついたら返し、蓋をして焼く。

⑤こんがり焼いたら蓋を取り、再び皮を下にする。オリーブオイル大さじ1/2をまわし入れて皮をカリッと焼きあげる。

⑥食べやすい大きさに切って器に盛り、③、麦ごはん、キャベツのマヨサラダ、アボカドサラダも一緒に盛り合わせる。②、塩、ゆず胡椒を添える。

キャベツのマヨサラダ

キャベツ……1/8個

C
- 酢……大さじ1
- オリーブオイル……大さじ1/2
- マヨネーズ……大さじ1/2
- 塩……2つまみ
- 胡椒……適宜

①キャベツは一口大にちぎる。ボウルにcを混ぜ、キャベツを加えて和える。

アボカドサラダ

アボカド……1個
青ネギ……6本
レモン汁……大さじ1
塩……適宜

①青ネギは小口切りにする。
②アボカドは縦半分に切り込みを入れて半分に割り、種を取り除く。種はボウルに入れる。アボカドはスプーンで一口大にすくってボウルに入れる。
③②に①、レモン汁を加えて和え、味をみながら塩で整える。

使いこなす道のり

さて、この鉄のフライパンですが、どれくらい使うとこんないい味わいになるのでしょう？「……頻度にもよるけど、半年くらい使い続けると馴染んでくるかな。人によって使いやすい大きさは違ってくるから、まあとにかくいろいろ試してみるといいと思うよ」。とりあえず、今日は帰りがけ合羽橋に寄ってひとつ買って帰るとしても、彼のように使いこなすには、まだまだ時間がかかりそうです……。

この取材は、二〇一二年一月二四日に行われました。現在ケンタロウさんは療養中ですが、事務所のご許可をいただき掲載しました。

しりしり器

大らかな道具

旅に出ると、まっ先にその土地の市場に行くことにしています。今、何が旬なのか？　この土地ではどんな野菜が採れるんだろう。好奇心がムクムクと沸き起こるのです。ひとまわりし終わったところで私が向かうのは、近くの食堂。だいたいどこの町でも、市場に並んだ食材を使って肩肘張らない料理を作る店が存在します。沖縄は、この食堂、または飲み屋巡りが楽しいところです。子どもから大人まで、老若男女が入り混じりワイワイガヤガヤ。飲んで食べて、おしゃべりして。沖縄に来ると、なぜだか私までいつもの性格の三割増しで、大らかになるような気がします。

食堂では、チャンプルーやソーキそばなどの、沖縄の人のふだんの味を楽しみます。にんじんと卵の炒めもの「しりしり」も必ず頼む一品。呼び名もかわいらしいしりしりは、千切りにしたにんじんをたっぷり使う沖縄の家庭料理の定番。「専用のおろし金があるんだよ」と聞いて、食堂のおばちゃんに見せてもらったのが、しりしり器との出会いでした。木の板に穴の空いたアルミを打ちつけただけという大らかさがいかにも沖縄っぽいなぁと思うのは私だけでしょうか……ところでこのしりしり器、沖縄の人たちは、持ち手を上にして、いとも簡単にすりっすりっと千切りにしていきます。こうすることが安全に使うコツのようですが、なかなかむずかしい。ちょっと年季がいるかもしれませんね。

しりしり器
←
ベトナム風サラダ

このしりしり器で野菜を千切りにすると、スライサーや包丁で切ったものとはひと味もふた味も違うものになります。整い過ぎていないと言うか、いいかんじで大ざっぱになる、と言うか……けれどもその大ざっぱに切れた野菜に味がしっかり染み込んで、なんとも言えない食感と味わいになるのです。

しりしり器を使ってよく作るのが、ベトナム風サラダです。このサラダ、ベトナムの市場で食べたサラダにヒントを得て作ってみたのが始まりなのですが、エスニックな雰囲気いっぱいの見かけに反して、意外にも日本のおかずともよく合うのです。作り方はとても簡単。大根とにんじんをしりしりしたものを、ニョクマムとレモンで味をつけるだけ。暑い日だったらレモンを利かせて。夕イカレーと一緒に食べるならば香菜をたくさん入れて、ニョクマム味の煮魚と合わせるなら、サラダに入れるニョクマムは控えめにして……とその日の気分に合わせて味を決めます。

大根……10cm
にんじん……中1本
香菜……適宜
レモン……1個
ニョクマム……大さじ3
ピーナッツ……大さじ2

①大根とにんじんは皮をむき、しりしり器でおろす。
②①に塩を軽くふり、よく混ぜ汁気が出てきたらよく絞る。
③ボウルにニョクマムとレモンの絞り汁、刻んだピーナッツ、ざく切りにした香菜と②を入れ、よく和える。

ステンレスの保存容器

手際のコツ

きちんと下ごしらえした素材を、ステンレスの蓋つきの容器に入れて保存をする。今となっては料理する時に当たり前になっている作業ですが、じつはこの容器を使い出すまで作業台の上はごちゃごちゃ、流しにも洗い物がたまって、もうどうしたらいいのー？　という状態になることも多かったのです。「段取りが悪い」と言われればそれまでなのですが、ね。

そんなごちゃごちゃが一掃できたのは、料理上手の友だちのおかげ。彼女の家におじゃまするたびに感心するのは、料理している時の手際のよさ。お客さまがたくさん集まることも多く、そのたびに気の利いたごちそうを振る舞ってくれるのですが、なぜか台所はいつもきちんと片付いている。不思議に思って動きを追っていたところ、ステンレスの容器に下ごしらえを終えた素材をきっちり分けていることを発見。ずらりとこの容器が並んだ作業台の上は、まるでレストランの厨房のよう。潔くて、かっこよくて、なにより清潔感に満ちていたのです。

メニュー選びから始まり、買い物をし、下ごしらえして料理して。片付けまでと考えると毎日のごはん作りって本当に大変。だからこそ、ひとつひとつの作業を頭にイメージして段取りを考えていくことって大切なのだと思います。でないと、頭は散らかり放題になってしまいますものね。炒めものに、煮物に揚げもの……どんな料理を作る時も、下ごしらえした素材はいったん容器の中へ。頭の整理と台所の整頓が一度にできる、エライ道具です。

ステンレスの保存容器

←筑前煮

毎日、毎日、いろんな国のいろんなごはんを食べますが、やっぱり落ち着くのはごはんとおみそ汁。それから野菜の煮物など昔から日本の食卓にあがってきたおかずじゃないかな、と思います。どこかへ旅に出ても必ず自分の家に帰ってくる、というような感覚。だからこそ自分の中の基本となるごはんは、しっかり作りたいと思っています。筑前煮はそんなおかずの代表格。だしをきちんとひく。干ししいたけはゆっくりと水につけて戻す。野菜はそれぞれ切り分けてステンレスの保存容器に準備しておく……ひとつひとつのこうした作業が私の毎日を助けてくれているのです。

にんじん……中1本
ごぼう……中1本
れんこん……1本
絹さや……10枚
こんにゃく……100g
干ししいたけ……5個
鶏もも肉……1枚
だし汁……400ml
しょうゆ・酒……各大さじ3
砂糖・みりん……各大さじ1

① 干ししいたけは水で戻し、いしづきを取る。
② 絹さやは筋を取りさっと塩茹でにする。
③ すべての材料を食べやすい大きさに切っておく。
④ 鍋にサラダオイルを熱し、③を入れさっと炒める。
⑤ ④にだし汁、しょうゆ、酒、砂糖を入れ、中火で15分ほど煮る。
⑥ ⑤にみりんを入れ、軽く煮詰める。
⑦ 器に盛り、絹さやを飾る。

ないならないで

自分の台所を持ち始めて間もない頃、台所道具集めに躍起になった時期がありました。料理することに慣れていなかったせいか、道具でつたなさをカバーしようと思ったのかもしれません。「お米を炊くのは土鍋に限る」と信じて疑わなかったのもその頃のことです。

ところが、三年ほど前に頼りにしていた土鍋を不注意で割ってしまいました。「さあて、どうしよう」同じものを買おうか。それとも試しに違う土鍋にしてみようか？　あれこれ悩んでいた時、ふと目についたのが食器棚に並んだ、あまたある鍋。ああそうか。お米を炊くからってなにも土鍋にこだわらなくたっていいのかも。こんなにたくさんあるんだから、ここにある鍋を使ってごはんを炊いてみようじゃあないの。あんなに道具にこだわっていた気持ちはどこにいったのか。「ないならないで」という気持ちになったのです。

さっそく河原に蓋の重しにする石を拾いに行き、準備は万端。朝と晩、二回ずついろんな鍋を使ってごはんを炊く毎日が始まったのでした。「この鍋は少し水を多めにしないと」「こっちの鍋は一合でもおいしく炊ける」。不思議なもので、炊くたびに毎回、何かしらの発見があるんです。

おもしろがって実験のようなことを繰り返すうちに、火からおろす頃合いや蒸し時間など、「この鍋の時はこうする」という方程式のようなものがすぃーっと体に染み込んでいきました。「ないならないで」という気持ちのゆとりがもたらしてくれたできごとなのでした。

← ごはん

台所道具の世代交代

私が子どもの頃、朝のテーブルにはホットサンドがしょっちゅう登場しました。中にはウィンナーとケチャップ、ハムとチーズ、前日のカレー、なんて日もありましたっけ。思えばトーストだけよりも、具をたっぷり入れた方が学校でお腹を空かせないんじゃないかという、母心だったのかもしれませんが、当時の私はそんなことつゆ知らず。「わーい。ホットサンドだー！　何が入ってるの？」なんて朝から浮かれていたような気がします。

このホットサンドメーカー、父の海外出張のお土産かなにかと思い、母に尋ねたところ「当時、それがすごく流行ったのよ。どこで買ったのかとっくの昔に忘れちゃったけど、どこにでも売ってたんじゃないの？　デパートとか」とのこと。今から三十年以上前、昭和の家庭でこんなハイカラなものが流行ったのですね……ちょっとびっくりです。

じつはこれ、五年ほど前に母から受け継ぎました。ピカピカに手入れされていたので、さぞかし大事にしていたんだなぁと思っていましたが「もう使わないから持っていっていいわよ」と手放す時は、あっさりしたもの。そういえば、「私には重くなっちゃったからあげる」と言って、長年使っていた鋳物の鍋も三年前に譲り受けました。三人の娘を育てるために、せっせとおいしいものを作ってくれた母。台所道具をもらうたびに「次はあなたたちががんばる番よ」と言われているような気になりますが、母が大事にしていたものを譲り受け、娘のために使う「台所道具の世代交代」もいいものだな、なんて思っています。

バウルーの
ホットサンドメーカー
←
ホットサンド

グラタン、ハンバーグ、メンチカツと千切りキャベツ、ドライカレー、洋梨と板チョコ、缶詰の白桃とクリームチーズ、バナナとチョコレート・スプレッド……中に入れるものはなんでも。写真のホットサンドの中身は私の定番、ブルーベリージャムとピーナッツバター、サワークリームとチェリージャムの組み合わせ。チーズとハムなんていうスタンダードなものももちろん大好きです。

自分で作っているから中に何が入っているか分かっているはずなのに、ほかほかに焼きあがったホットサンドを半分に割る時、なぜだかいつもわくわくした気持ちになる。この感覚、なんなのだろう？ と思っていたらプレゼントを開ける時のうれしさに似ていることに気がつきました。

だれかに作ってあげる時は、スパイスを隠し味程度に利かせたり、ちょっと意外な組み合わせにすることも。ここはセンスの見せどころですが、やりすぎは禁物。あくまでも、さりげなくが大切です。

食パン8枚切り……4枚
ピーナッツバター
ブルーベリージャム
サワークリーム
チェリージャム

① 食パンに好みのジャムをたっぷり塗り、二つ折りにする。
② ①をホットサンドメーカーにはさみ、弱めの中火で両面こんがりと焼く。

クイジナートのプロセッサー

スウィッチひとつで

「玉ねぎを入れたらスウィッチをポン。ガーッという音がしたと思ったら、ものの数秒でみじん切りになってるのよ。お肉のミンチだって、魚のすり身だってこれを使えばあっという間。料理するのが楽しくなったわー」

喫茶店で人を待っている間、隣の席に座っていた女性ふたり組のうちのひとりがもうひとりに「クイジナートを持つとどれだけ便利なのか」を三十分に渡って説く場面に遭遇しました。その間ずっと隣の会話に耳をそばだてている私もどうかと思うのですが、でもそれくらい彼女の話しは楽しげで、説得力があって、魅力に満ちたものなのでした。「決めたっ。私、買う」。持っていない方の女性が威勢よく決断。そうだ、そうだ。買っちゃえ。心の中で拍手喝采です。私だって、持っていなかったら、話しに乗せられてきっと買っていたと思う。

玉ねぎをガーッはもちろん、リエットだって、レバーペーストだって、ひよこ豆のフムスだって。ガスパチョでしょ、餃子のタネでしょう、……あ、スコーンの生地をこれで作る、なんて人もいましたっけ。愛用者から言わせると、ないと困る道具の上位にあげられるのがクイジナートのプロセッサー。もちろん他の道具で代用もできますが「スウィッチひとつでガーッ」の便利さにはかないません。

あの人も、今頃買ったばかりのクイジナートを使って、いろんな料理を作っているかしら？　ガーッという音を聞くたびに喫茶店でのできごとを思い出す私なのでした。

LIQUID — LEVEL
Cuisinart®
DLC–10PLUS
Food Processor
ON
OFF
PULSE

クイジナートのプロセッサー
↓
ビーツのスープ

ある料理家の先生は、台所の特等席、流しのすぐ横にこのプロセッサーを置いて、ことあるごとに使っていました。「こういう道具って、しまうと出すのが億劫になって使わなくなるでしょう？　ここに置いておけばいつでも使える。道具はちゃんと使ってあげないとかわいそうじゃない？」なんておっしゃっていましたっけ。たしかにせっかく持っているのに、出すのが面倒で使っていない道具ってありますものね。めんどくさがりには耳の痛い話しです。

ならば、と私もプロセッサーを取り出しやすい場所へ移動してみることに。そのおかげで、野菜のポタージュを作る機会が増えたんですよ！

ルビーのような色合いがきれいなビーツのスープもそのひとつ。蒸したビーツをプロセッサーに入れ、水を少し足したら、あとはスウィッチを入れるだけ。器に盛って塩とオリーブオイルをたらりとまわしかけたらできあがり。スープストックを使う時もあるけれど、新鮮でおいしい野菜を選べば、水だけで充分満足できる味に。野菜を味わう野菜のポタージュ。ぜひお試しあれ。

ビーツ……2、3個
水……400㎖
塩……適宜
オリーブオイル……適宜

① ビーツは皮をむき、1㎝ほどの厚さに切り、柔らかくなるまで蒸す。
② プロセッサーに①と水、塩を入れてなめらかになるまで攪拌する。
③ 鍋に②を入れ、弱火で温め、器に盛りオリーブオイルをたっぷりかけていただく。

マッシュルームブラシ

それはそれで いいんじゃないか

手に入れたのはパリの道具街。ころころしたものがかごにたくさん入っているなぁ、なんだろう？　と思って近づいてみると……なんとマッシュルームにそっくりの専用ブラシではありませんか！　マッシュルームの汚れを取るのってとっても面倒。常々そう思っていた私にとって、この出会いは、運命的とさえ感じたのです。

……ところがじっさい使ってみると、作業があまりはかどらない。もしかして、いつものようにキッチンペーパーで拭いた方が早いんじゃ……と思いいったん手を休めました。けれども台所にころんと置かれた使いかけのブラシが、なんだか憎めない表情をしてこっちを見ている。分かったよ、あんたがいるかぎり、私、キッチンペーパーは使わない。そんな気になったのでした。

「機能性が高い」とか「使い勝手がいい」というのは、道具を選ぶ時の最も大切なポイントだと思います。思うのですが、でも！　と声を大きくして言いたい。あんまり使い勝手がよくなくても、自分が気に入っている道具ならそれはそれでいいんじゃないか、って。

すごく華奢なヒールの靴とか（歩きづらい）、小さなビーズのバッグとか（荷物が全然入らない）、風をまとっているかのような薄手のリネンのブラウスとか（スケスケ）。おしゃれに無理はつきものと、常々思っているのですが、そんなものが台所道具にあってもいい、このマッシュルームブラシを使うたびに、そう思うのです。

マッシュルームブラシ
←
マッシュルームのソテー

汚れを取り終えたマッシュルームは、にんにくをしっかり利かせた、たっぷりのオリーブオイルでソテーします。塩と胡椒は、ちょっと多め？　と思うくらいがちょうどよいかも。できあがったマッシュルームのソテーはいくらでも食べられそうなおいしさで、翌日のパスタ用にと、多めに作っても余ることがないくらい。そのまま前菜にしてもいいけれど、鶏のソテーのつけ合わせにしてもいいし、意外なことに玄米ごはんとの相性もいいのです。

基本の作り方はすべて一緒なのですが、最後の仕上げに、しょうゆやバルサミコをたらしたり、ちょっと奮発してトリュフオイルを加えることも。どれもほんの隠し味なのですが、いつものマッシュルームのソテーに、隠し味の風味が加わるとちょっと違う味わいになるのです。スパイスを利かせてみようか？　それともハーブを変えてみる？　どんな味もどんと迎え入れてくれる、マッシュルームの懐の深さに、いつもびっくりしているんですよ。

マッシュルーム……4パック
にんにく……ひとかけ
オリーブオイル……適宜
塩……適宜
胡椒……適宜
イタリアンパセリ……適宜

①マッシュルームの汚れをマッシュルームブラシでていねいに落とす。
にんにくは皮をむき、叩いてつぶす。
②鍋に（フライパンでも）オリーブオイルをたっぷり入れ弱火にかけにんにくを入れて香りを出す。
③②にマッシュルームを入れ、強めの中火でソテーする。
④塩で味を整え、胡椒をたっぷりふり、刻んだイタリアンパセリをのせる。

おさだゆかりさん

北欧の鍋でサムゲタン

玄関入ってすぐ、ここがショップの入り口。

のどかな夏の青い空。森のブルーベリー摘み。ちょっと恥ずかしがりな人々。暮らしの中から生まれた素朴な道具の数々……フィンランドもスウェーデンもそれぞれ一回ずつしか行ったことはないけれど、私の心をとりこにするには充分すぎるほどの時間でした。それから数年が経ち、途中何度も北欧を旅したい衝動に駆られたのに、なかなか訪れることができなくて。けれどもオンラインの北欧雑貨のセレクトショップ・スプーンフルを知ってから、北欧と私の距離がぐっと縮まりました。しらかばの皮で編んだかごや、素朴な木のカッティングボード、アラビアの食器……スプーンフルのサイトには、思わず欲しくなるかわいらしい北欧雑貨がずらり。旅の様子が綴られたページ、トラベルジャーナルを読んでいると、日本にいるのに気持ちだけは北欧へ連れていってくれるような、そんな気分にさせてくれます。

　このお店のオーナー、おさだゆかりさんは年に数度、北欧へ買いつけの旅に出るのだそう。「買いつけは、いつもいくつもの蚤の市やフリーマーケットを巡るのですが、その日のお天気はどうかなとか、掘り出し物に出会えるかな、とか。毎回どきどきしてしまうんです」とおさださん。

　買ったら買ったで大荷物。フーフー言いながらホテルに持って帰り、梱包をして荷作りし……考えただけで重労働です。おさださんのこんな陰の苦労があるからこそ、私たちは日本にいながらにしてコンディションのよいすてきな北欧の雑貨が手に入れられるのですね……。

まっ白な棚に並ぶかごやポット、器の数々。買い物心が沸き立ちます。リアルショップは予約制なので、じっくりのんびりお買い物ができます。

ある日、おさだざんに用事があって電話をすると「今、サムゲタンを仕込んでいる最中なんです」とのこと。その日はお友だちを呼んで、チヂミなどの韓国粉料理とサムゲタンパーティをするのだとか。おさださん＝北欧という図式がすっかりできあがっていたのでちょっとびっくり（考えてみればいつもシナモンロールやサーモンなどを食べているわけなどないのにね）。「ティモ・サルパネヴァの鍋に鶏一匹がちょうどいい大きさなんですよ」。そうか。おさださんは、サムゲタンを煮る時、フィンランドのデザイナーの鍋を使うんだ！　聞けばサムゲタンだけでなく、けんちん汁もこの鍋にたっぷり作るのだそう。なんだか目からウロコです。そんなことを聞いたら、その様子を見たいではありませんか。今度、サムゲタン作る時に私を誘って！　と無理を言い、うかがわせていただくことになりました。

月に数度のリアルショップとご自宅を兼ねた、公園と隣り合わせのマンション。リビングの窓からはやわらかい光が差し込み、公園で遊ぶ子どもたちの声が聞こえてきます。一年前に改装を終えたばかりというお部屋には、かごや布、器など、想像していたとおり、北欧のものがたくさん。例の鍋はどこ？　とキョロキョロすると、かごにたくさん入った鍋敷きが目に入ってきました。冷蔵庫には気に入りのアルテックの生地を使って友だちに縫ってもらったという鍋つかみが。壁にはアンティークの鍋敷きが。どうやらおさださん、鍋だけでなく、鍋まわり関係にもそうとうなこだわりがありそうです。

ほんわかした雰囲気のおさださん。じつは毎夜、晩酌をするというお酒好き。このかわいらしいキッチンではお酒に合う料理を作ることが多いとか。

壁には1940年頃作られたという組み木のものや、「ヴァスタヴィン」という、松の木で作られた希少な鍋敷きが飾られています。

こちらもティモ・サルパネヴァデザイン。持ち手がほら、こんな風に蓋を開ける時に活躍します。

「大好きなんです！」というZakkaの鍋つかみ。中には20年選手のものも！

右3つはフィンランドのテキスタイルデザイナーヴォッコの鍋つかみ。左4つはスウェーデンのティオグルッペンのもの。

色使いがかわいい！　すらり並んだおさだ家の鍋いろいろ。

おさだゆかりさん

上からも、真横からも。どの角度から見ても美しいティモ・サルパネヴァの鍋。いつか手に入れたい憧れの鍋です。

デザインと用途、どちらも兼ね備えた木の持ち手。持ち手のカーブがよいかんじに手に馴染みます。

「鶏一羽がぴたっと収まるサイズ」と聞いていましたが、この姿を見てなるほど。

じっくり煮込んだ鶏は驚くほどやわらかです。

ブクブクに沸騰させず、緩やかな火加減で。ていねいにアクを取っていきます。

「はい、できましたよー」。煮込みながらおしゃべりしていたらあっという間に完成。

北欧の器と日本の作家の器が仲よく同居のおさださんちの食卓。

ティモ・サルパネヴァの鍋

← サムゲタン

じんわりとやさしい

丸鶏……1羽
(内臓を抜いて処理されたもの)
もち米……1カップ
朝鮮人参(生)……2本
干しなつめ……2コ
しょうが……ひとかけ
甘栗……3コ
ニンニク……2かけ
塩・胡椒……適宜

① もち米は洗って水に30分ほどつけてからざるに上げる。しょうがは皮をむいて薄切りにする。鶏は内側を洗って水気をとっておく。
② 鶏の中に、もち米・甘栗・ニンニクを詰めて足をクロスさせてたこ糸をぐるぐる巻いて閉じる。
③ 鍋に鶏を入れ、かぶるくらいの水を注いで、干しなつめ・朝鮮人参・しょうが・塩を加え火にかける。
④ 沸騰してきたらアクを取り、弱火にして蓋をして3時間くらい煮る。途中で様子を見て、アクを取ったり足し湯をする。鶏は水面から出ないように注意する。
⑤ 鶏がやわらかくなったら取り出し、たこ糸を取り除き解体しながら器に盛る。各自好みで塩・胡椒を加える。

寒くなるとサムゲタンが食べたくなる、というおさださん。ここ数年、冬の鍋の定番になっているのだそう。けっしてグツグツさせずに、ゆっくりコトコト……その間ずっとていねいにアクをすくうおさださんを見ながら、料理はその人を表すものだなぁ、としみじみ。なんていうか「折り目正しい」のです。サムゲタンのお味ももちろん、折り目正しく、ていねいで、じんわりやさしい。そうおさださんそのもの、という印象でした。kiitosu《ごちそうさまでした》!

キッチンバサミ

映画のシーンに憧れて

外国の映画を見ていて憧れたのが、まな板も使わずペティナイフを器用に操って玉ねぎをみじん切りにするシーン。それに憧れたフランスかぶれの友だちは、フランス料理を作る時、まな板は使わない主義にしたのだとか。さすが形から入る男の料理。恐れ入りましたと思っていたけれど、映画の中の主人公のように料理できたら、それはすっごくかっこいいことなんじゃないか、と思うのです。形から沸き起こる気分って大事ですもの。

玉ねぎのみじん切りは無理だけど、これならば自分でできるんじゃないかしら？ と思ったのが、キッチンバサミを使ってシブレットをちょきちょき切っているシーンを見た時。野菜がたくさん入った素朴なスープの上にはらりはらりと細かくなったシブレットが落ちていく様子がなんだかかわいらしくって。映画の中の登場人物にすっかり感化されたのです。

今までパッケージを開ける時くらいしか使うことのなかったキッチンバサミでしたが、それ以来シブレットを切ったりパセリを切ったりと出番が多くなりました。けれどキッチンバサミを使っていて、一番すごいと実感したのは鶏をさばいた時です。丸ごと一羽の鶏を、ハサミを使って切り分ける。包丁ではさぞかし難儀していただろうな、という箇所もなんなく切れて、あっという間に食べやすい大きさに。今では骨付の鶏を切る時は絶対にこれでなくては、というくらい頼りにしています。ところでこの作業、とっても男っぽくてかっこいいと思いませんか？ そこも気に入りの理由かも。形って大事ですものね。

キッチンバサミ
←
タンドリーチキン

ときおり催すカレーパーティ。ほうれん草に、豚ひき肉のカレーなど、いつも二、三種類のカレーを作り、カリフラワーのサブジやピクルス、ナンと一緒に食べます。カレーをどんとテーブルに出したら、あとはめいめい取り分けるという気楽なスタイル。私もキッチンに立ち通しということがなくなるので、テーブルについてみんなとおしゃべりができるというわけ。

このタンドリーチキンはそのパーティの主役。まずはビールで乾杯したら漬け込んでおいたチキンをオーブンに入れるだけ。「なんだかいいにおいがしてきた……」とだれかが鼻をクンクン言わせたら、焼き上がりの合図。お皿に盛ってテーブルへ。鶏肉に味がしっかり染み込んで、なんともビールの進む味。

この日は、えんえんと食べたり飲んだりの夜になるのです。

骨つき鶏もも肉……2本
にんにく……ひとかけ
しょうが……ひとかけ
プレーンヨーグルト……カップ1/2
カレー粉……大さじ1
チリパウダー……少々
パプリカパウダー……少々
胡椒……少々
塩……小さじ2

① 骨つき鶏もも肉はキッチンばさみで食べやすい大きさに切る。
② ①ににんにくとしょうがのすりおろし、塩を加え、よくもみこむ。
③ ②にカレー粉、チリパウダー、パプリカパウダー、胡椒、プレーンヨーグルトを入れ2、3時間おく。
④ 200℃のオーブンで20〜30分ほど焼く。
⑤ 香菜やレモンを添えて食べる。

カトラリー

蚤の市の戦利品

食器棚の引き出しに、ピカピカに磨かれたお揃いのシルバーのカトラリーがずらりと並んでいたら素敵だな……と長年思いながら、いまだ揃えるにいたっていないのは、自分にはまだ早いからと思っているからかもしれません。

ヨーロッパで蚤の市めぐりをしていると、目に留まるのがシルバー（もしくはシルバーメッキ）のカトラリー。うやうやしくビロードの内布がついた専用の箱に揃いでおさまってウン百ユーロなんてものもあるけれど、私が好きなのは店先のワゴンに並んだバラ売りのカトラリー。気合を入れて探すと気に入ったものが一本二ユーロくらいで見つかるとあって、その手のワゴンを見かけると立ち止まらずにはいられなくなるのです。そんな風にして集まったスプーンやフォークは、当然ながらバラバラ。安く買えたという気楽さもあって、陶器のピッチャーにまとめてごそりと入れ、台所に置いています。もちろん食事する時にも使いますが、じつはこれ台所道具としても役立ってくれています。

ソースを煮詰める時に鍋底をかき混ぜたり、ドレッシングを混ぜたり。鶏肉を焼く時はフォークで皮目をプスプスと刺して。味見する時も、お皿にマッシュポテトなんかを盛り付けるのもこれらのカトラリー。すくう部分の大きさや角度、先端の部分が鋭いか緩やかか。持ち手の握りごこちはどうか。スプーンもフォークもひとつひとつ個性が違うので、その個性にあった使い方をするわけです。それを考えるのがとても楽しい。ピカピカのカトラリーを使うのはずいぶん先になりそうですね。

カトラリー ← クッキー

さっくさくのクッキーは娘の大好物。おやつに「作って！」とせがまれることの多いお菓子です。台所でクッキーの生地を仕込んでいると、「手伝いたい」と言って、いそいそとやってくる娘。私も子どもの頃そうだったように、娘もクッキーの型抜きのお手伝いが大好きなようです。ハートや星型、動物の形と抜き型はたくさん持っているけれど、バターの分量の多いデリケートな生地なので、まん丸なものやまわりが波形になっているものなど、なるべく抜きやすい形のものを選ぶようにしています。抜いたら卵黄を塗って仕上げにフォークで筋をつけてちょっとおしゃれ。この仕上げがないとなんだか物足りない表情になってしまう。こんな時、しみじみフォークのありがたみを感じます。

薄力粉……200g
ベーキングパウダー……小さじ1/2
塩……ひとつまみ
アーモンドプードル……30g
粉砂糖……100g
バター……100g
卵……1個
とき卵……適宜

① 薄力粉とベーキングパウダーは合わせてふるう。
② ボウルに①と塩、アーモンドプードルを入れ、混ぜ合わせる。
③ 室温に戻したバターと粉砂糖を混ぜ、卵を少しずつ加えながら白っぽくなるまでよく練る。
④ ③に②を加え、だいたい混ざったら打ち粉をつけた台の上でひとまとめにする。
⑤ ラップをして3時間から半日生地を休ませる。
⑥ 生地を厚さ4㎜ほどに延ばし、型で抜く。
⑦ 表面にとき卵を塗り、フォークで模様をつけ、180℃のオーブンで10分ほど焼く。

※生地がだれてきたら途中、冷蔵庫で休ませること！

それが何か?

「えっ、伊藤さん、それ日本に持って帰る気ですかっ」。仕事でアルザスのTurckheimという村に行った時に見つけたのが、このまっ黒の鋳物のクレープパン。持ち上げるとずしりと両手に重みが伝わってくる、なかなか貫禄ある姿をしています。「そうですけど、それが何か。だって欲しいんだもん。これで焼くガレットはきっとものすごくおいしいよう?」だいじょうぶ、だいじょーぶ。スーツケースにはまだ余裕あるし。自分でちゃんと荷物持つから。だんだんと言い訳みたいなものが混ざってくる。「……それを買うのは伊藤さんの勝手ですけど、それにしたってその重さ。さっきだって市場で大きなハチミツの瓶買ってたじゃないですか」。

担当の編集の人と、擦った揉んだのやりとりの末に手に入れたのがこのクレープパンです。さすがにスーツケースの重さにはへこたれそうになったけれど、そんなことはみんなの前ではおくびにも出さず、涼しい顔して日本まで持って帰ってきた私。その甲斐あってか(?)なんとも愛着の湧く台所道具のひとつになったのでした。家に帰って重さを計ってびっくり。三キロ弱もあるんですね。そりゃあ心配されるはずです。さて、このクレープパンを手に入れたアルザスのストウブ本店では、鍋好きなら大興奮間違いなしのそりゃ美しい鍋がたくさん売られていました。じつは、もうひとつ欲しい鍋があったのですが、「ウソだよね?」というみんなの視線に耐えられず、泣く泣く買わずに帰ってくることに。今ではそれもまた旅のいい思い出になっています。

ストウブのクレープパン
←お好み焼き

ところで「クレープパン」と呼んでしまうとなんとなく用途が限られてしまうような気がしますが、私はガレット以外に、ナンやチャパティも焼いてしまいます。ついこの前、料理家の友だちが我が家にやってきて料理を作ってくれる機会がありましたが、その時、彼女はなんとこれを使ってチヂミを焼いてくれました。おいしそうな音を立てながらチヂミが焼ける様子に思わずごくりと喉を鳴らす人もいましたっけ。ガレットからチヂミまで。粉料理ならなんでもござれの器の大きさにあっと驚いたものです。

娘に好評なのがお好み焼き。このパンに油をひいてじゅうじゅう焼いたら、そのままテーブルに運んでめいめい自分の食べたい分だけ切り分けながらいただきます。カジュアルなお好み焼きが、ぐっとおしゃれに見える（ような気がする）のはこのクレープパンのおかげ。黒のマジックと言えましょう。

直径20㎝ひとつ分
お好み焼き粉……100g
水……120cc
卵……1個
豚バラ肉……200g
キャベツ……大きめの葉を3枚

①豚バラ肉とキャベツを食べやすい大きさに切る。
②お好み焼き粉に、水、卵、①を入れ、さっくりと混ぜ合わせる。
③クレープパンにうすく油をひき、②を両面こんがり焼く。
④焼きあがったら、おたふくソースとかつお節、青のり、マヨネーズを好みでかけいただきます。

すり鉢

よい加減な道具

ごりっ、ごりっ、ごりっ……ごまをするのはもちろん、水切りした豆腐をなめらかにしたり、とろろ汁を作ったり。小鹿田焼きのすり鉢を使って作った料理は、なぜだか口当たりがやさしく、まあるい味になるような気がします。

使うたびに「手加減」という言葉を意識するのもこの道具ならでは。まだかな、もうすぐかな？　できあがりの頃合いを見計らいながら、手を動かすと「ここ」というポイントに出会う。作業が進みすぎたり、逆にもう一息だった、ということもない。なんともよい加減な道具です。

いつも「擂《す》り粉木《こぎ》でござい」といったかんじの存在感たっぷりな山椒の木の擂り粉木とセットで使っていますが、これでごりごりすっても、広めに作られた底の部分がどっしり支えてくれる。この安定感が安心感に、安心感が、また使いたいな、という気持ちにさせてくれるのかしら？　などと思っています。

さてこのすり鉢、道具としての使いやすさもさることながら、器としての美しさも兼ね備えているとは思いませんか？　ごまをすり、しょうゆと砂糖を入れよく混ぜたら、茹でた青菜を入れ、さっと和えれば青菜のごま和えのできあがり。菜箸でちょちょいと中高に盛りつけたら、そのままテーブルへ……飛びかんなの模様も小気味よく、無地の器が多い我が家では、テーブルのほどよいアクセントになってくれています。

すりごまたっぷりのたたききゅうりのサラダ、棒々鶏のたれ、時にはジェノベーゼもこれで作っちゃう。「まあるい味」ぜひお試しあれ。

すり鉢←くるみもち

　信州では、秋になると市場や道の駅に、くるみがたくさん出回ります。くるみ好きの私は、まだかな、いつかな？　とわくわくしながらその時期が来るのを待っているのです。くるみに鬼ぐるみやかしぐるみという種類があることは、信州に住んでから知りました。これらの山ぐるみは皮がとても硬くて、割るのに一苦労なのですが、苦労して取り出しただけのことはあるおいしさ。割った瞬間、くるみの独特の香りがプン、として、味はびっくりするほど濃厚。毎年せっせと買っては、くるみのはちみつ漬けを作ったり、ドライフルーツと一緒に食べたりしています。くるみもちはその中で一番よく作るおやつ。なんと言ってもこれが食べたいためにすり鉢を買ったくらいですからね。

　ごりごりとすり鉢の音をたててくるみをすり、三温糖を合わせてまたすって（この時、くるみはすべてつぶさず食感を残すようにすること）。茹でた白玉を器に盛ってくるみ砂糖を上からたっぷりかけます。もちもちの白玉と時々口の中でかりっと感じるくるみ……「ほっぺたが落っこちる」ってこのことなんじゃないかな、と思う瞬間です。

剝きぐるみ（国産のかしぐるみなど）……50g
三温糖……50g
白玉粉……200g
水……120mlくらい

①剝きぐるみと三温糖をすり鉢に入れ、よくすり合わせる。
②白玉粉に水を入れよくこねる。
③②を茹でて、水気をよく切ったら器に盛り、①をかける。

鉄瓶

道具とのつきあい方

← お白湯

シュンシュン。まだ眠たい朝、台所で機嫌のよい音をたてて湯気を出している鉄瓶を見ているうちに、寝ぼけた頭はやがてすっきりしてきます。ここ数年、二日酔いや、食べ過ぎた日の翌朝は鉄瓶でお湯を沸かし、お白湯を飲んでお腹の調子を整えることにしています。朝ごはんの時間がやってきても、昼ごはんの時間が過ぎたとしても、お腹がぐうぐうとものすごい音をたてるまで、ただひたすらお白湯を飲む。するとやがて、お腹が落ち着いて穏やかな心持ちになってくるのです。

今でこそ、水を入れっぱなしでも錆びることがなくなったこの鉄瓶ですが、内側に湯膜が張るまでの慣らし期間はそりゃ手入れが大変でした。使い終えたら蓋を取り、内側の錆止めをこわさぬよう余熱で乾燥。一日、できれば数回、お湯を沸かしては内側を乾かし……を繰り返すこと一カ月あまり。内側が、なんだか白っぽくなってきたな、と思ったら湯膜が張った証拠。これで晴れて、気兼ねなく使えるというわけです。一カ月間、心血注いで育てた鉄瓶ですもの、赤ちゃんを育てあげたような愛おしさがこみ上げてきます。簡単、とか、手軽、とか。そうではない道具との大切なつきあい方のようなものを、鉄瓶から学んだような気がしています。

大切に使えばそれこそ一生もの。それを思うとシンプルなものを選んでおいてよかった。使い始めて十年ほどが経ちましたが、飽きることなんてまったくなく、それどころかいっそう好きになってきているのですから！

粉料理はこのまな板で

忙しくてなかなか台所に立てない時、無性に粉を使った料理が作りたくなります。こねたり、たたいたり、麺棒で延ばしたり……の作業は、粘土遊びをしているようですごく楽しい。そして何より、粉に向かっている時は、無心になれるってところが、一番の魅力です。

粉料理専門の麺台は持っておらず、横浜の中華街にある中華の台所道具の店・照宝で手に入れた、丸くて大きなまな板を使っています。世の中には、四角くて立派な木製のものや、シリコン製など様々な素材や形の麺台がありますが、ごくたまに、それも気分転換に作るだけという、のん気な粉料理愛好家の私には、ふだん使っているこのまな板で充分。そう思っています。

これで何を作るかといいますと、ピッツァやチャパティ、ナンや、春餅《チュンビン》……といろいろ。特に決まったレシピを持っているわけではないので、今日は薄力粉に全粒粉を混ぜてみようとか、ローズマリーとオリーブオイルを入れてみようかな？　とか、風味づけにごま油を足してみては？……といたって気まま。この適当さや大らかさをもってしても、それなりにおいしいものに仕上げてくれる粉の偉大さに感謝しています。

粉をこねる前、まな板の下にはすべらないようにぬれ布巾を敷いて。用意ができたら、打ち粉をしてわき目もふらずにこねていきます。しっとりつやつや赤ちゃんのほっぺのようになったら、生地は完成。麺棒で延ばして鉄のフライパンで焼けば、台所は香ばしいにおいでいっぱい。幸せな気持ちになりますよ。

照宝のまな板 ←

北京ダック風チキン

お客さまがやってくる時、粉料理にするとその場が大いに盛り上がります。「皮を作ってみたい！」とか「わたし、焼くの担当」なんてビール片手にみんなが台所に集まって、ワイワイ言いながら、飲みながらの皮作りは楽しいものです（みんなが手伝ってくれるので私もラクチンなのです）。

焼きあがったらすぐに全員テーブルへ移動。熱々のうちに、中華風に味つけして焼いた鶏や香菜、きゅうりを巻いていただきます。

鶏もも肉……2枚

a
- しょうゆ……80㎖
- 紹興酒……50㎖
- 五香粉……少々
- はちみつ……小さじ1
- 長ネギの青い部分……1本分

にんにく・しょうが……各ひとかけ

好みの野菜……各適宜

甜麺醤……適宜

皮
- 強力粉・薄力粉……各100g
- ごま油……大さじ1
- 塩……ひとつまみ
- ぬるま湯……150㎖

① にんにくとしょうがは薄くスライスする。
② バットに①とaの材料を入れよくもみ込む。
③ 皮は、すべての材料を混ぜ合わせ、生地につやが出るまでよく練る。ボウルに入れ、ぬれ布巾をかぶせて1時間ほど休ませる。
④ ②でつけ込んだ肉を180℃のオーブンで20分ほど焼き、6等分にする。
⑤ ③で休ませていた皮を打ち粉をしいたまな板にのせ、12㎝くらいの丸形に延ばす。
⑥ ⑤をパンケーキパンなどで両面、焼く。
⑦ 焼いた皮に鶏肉や好みの野菜をのせ、甜麺醤をつけてくるっと巻いて食べる。

※ここでは、きゅうり、白髪ねぎ、香菜を用意しました。

手

ちぎったり、もんだり、こねたり

うーむ、とうなりたくなるほどおいしいものを作る人は、手から何か特別なものが出ているんじゃないか？　と思う時があります。材料の選び方がいいとか、調味料の取り合わせがうまいとかではなく特別な何かが出ているんです、きっとね。そんな神様のような手を持っていなくとも、ていねいに手を使って料理すれば、心がほっとなごむような料理ができるのでは？　と思っています。

ちぎったり、もんだり、こねたり……料理しているとあらゆる場面で、手を使います。その中でも特に手の威力を思い知るのが、材料を和えたり、混ぜ合わせたりする時。馴染む、というか、こなれた味にしてくれるのです。手の温度なのか、手の加減なのか？　その辺りは分からないけれど、手から出る「何か」が、おいしさのカギなんでしょうね。きっと。

← 鶏ときゅうりの和え物

鶏ささみ……3本
酒……少々
きゅうり……1本
しょうゆ……大さじ3
ごま油……大さじ2
酢……大さじ2
砂糖……ひとつまみ
すりごま……大さじ1
いりごま……大さじ1

① 鶏ささみは酒をふり、蒸して火を通し、冷める前にさいておく。
② きゅうりは麺棒などで叩いて食べやすい大きさにしておく。
③ しょうゆ、ごま油、酢、砂糖、すりごま、いりごまをボウルでよく混ぜ合わせ、①と②を入れて手でよく和える。

皆川明さん

時間を楽しむためのコーヒーの道具

知らない町を訪れた時、まずはその町に馴染んでいる喫茶店を探して、コーヒーを飲むという皆川さん。時代に流されることなく、何年、何十年もその場所でたんたんと営業している、そんな喫茶店が好きなのだとか。

「ミナを始めたばかりの頃、八王子の市場の魚河岸でバイトをしていたんです。その市場の近くに喫茶店があってね、お店の人も雰囲気も適当なかんじなんだけど、それが妙に居心地よくって。よく時間をつぶしに行っていました。今でも、八王子に行く時にはふらりと立ち寄るんです」

展示会で訪れることの多いパリでは、カフェのカウンターでエクスプレスを頼み一息。ヘルシンキでは、港の前のガラス張りのカフェが好き。京都は、お店のそばのフランソア喫茶室や六曜社が気に入り。東京だったら富ヶ谷のパン屋さんのカフェでハチミツとバターたっぷりのフレンチトーストと一緒にコーヒーを……。

コーヒーはどんな時に飲みますか、と尋ねると、言葉をひとつずつ、選びながら、そう答えてくれました。どうやら皆川さんにとってコーヒーとは、ただの「飲みもの」ではなく、旅や日常、それから思い出にそっと寄り添う相棒みたいなもののようです。

デザインをしたり、打ち合わせをしたり、仕事場で過ごす時はスタッフが、朝と、夕食のあとはご自分でのんびりとコーヒーを落とすという皆川さん。どんな道具を使っているのでしょう?

川越の木工細工屋さんで見つけたというコーヒーミル。メリタのドリッパーは19歳の頃、フィンランドに旅した時に見つけたもの。20年以上のおつきあいとか。

「自分で焙煎をしたこともあったけれど、加減が難しくて。今は知人に教えてもらったコーヒー屋さんの豆を買って、その都度、このミルで挽いています」。見せてくださったのは、木でできたごますり器のような道具。家族と日帰りで訪れた川越で見つけたというコーヒーミルは、木工作家の作品。フィンランドで手に入れたというアルミのドリッパーの横にあると、なんだか北欧のアンティークのような佇まいです。

「何十年も使えるようなものが好きなんです。使ううちに味わいが出てくるような。この木だったら、どんな風に変わっていくんだろう？　手が触れるところが飴色になるのかな、なんて考えながら使うのが楽しくて」

最近、ものを所有していたい、とか欲しいと思う気持ちが薄れてきたという皆川さん。ものを見たり、手にしたりはもちろん今でも好きだけれど、その気持ちだけで充分。そんな風に思うようになってきたとか。

コーヒーミルにドリッパー。ご自身がデザインされたというデミタスカップや、盛岡を旅した時に手に入れたしらかばの茶筒……皆川さんが少しずつ大切に集めてきた、コーヒーとコーヒーにまつわるお話しは、うかがうほどにたくさん出てきそうです。

豆を入れたら右手のひらで、押すようにしながらぐるぐるまわして挽いていきます。「電気のミルと違って熱が出ないからいいんです」と皆川さん。

ごりっ、ごり。部屋の中がコーヒーの香りでいっぱいに。だいたい1、2分で1回分の豆が挽けるのだそう。

私も試しに挽かせていただきました。けれど、あれ？あんまり挽けていない？「下に押しつけるようにしながらグルグルまわすといいですよ」

豆入れはしっとりいい具合に使い込まれたしらかばの茶筒。豆は鹿児島のヴォアラ珈琲のものを。

皆川さんは、コーヒー豆専用の焙煎器も持っているそう。名前は「イルイル」。こんなのだよ、とスケッチブックに書いてくれました。

皆川明さん

挽きたての豆をドリッパーに入れたら、準備は完了。「お湯は沸騰したら火を止めて。2、3分置いて少し落ち着いたものを」

少しずつ、少しずつ、お湯を落としていきます。

皆川さんがデザインされた、カップ&ソーサー。多すぎず少なすぎず、1杯飲むのにちょうどいい量。
広めのソーサーは「横にお菓子が置けるかな、と思って」なのだとか。

すべてを一緒に楽しむ

馴染んだ道具でとっておきの一杯のコーヒーを淹れる。日に何度もコーヒーを淹れる皆川さんにとっては、ごく当たり前の日常のひとこまかもしれないけれど、その様子を見ているだけで、心が落ち着いていくような、そんな気持ちになりました。ああ、もう雑に淹れるのはやめよう。反省した日でもありました。コーヒーとは、ただ飲むだけではなく、お湯を沸かし豆を挽いて……そんな、時間もすべて一緒に楽しむものなのですね。

食器棚と引き出し

こまごましたものは引き出しに、よく使う道具は左のオープン棚に。今まで重ねて収納していた鍋や耐熱の器が、ひとつひとつ棚に収まったので、さっと取り出せてとても便利。「オープン棚ってホコリはたまらないの？」と聞かれますが、ホコリが目立ちやすい分、掃除にも熱が入るというもの。

自分の台所を持つようになって十五年余りが経ちました。仕事柄（と言いわけしながら）、物作りをしているところを訪ねる機会や、作家さんとの出会いも多く、さらには買い物好きということも手伝って、増えていくばかりの私の台所道具。毎日使うものもあれば、そうでないものもありますが、どれもこれも好きなものということに間違いはありません。

その気に入りの道具たち、じつは今まで自分の台所には置ききれず、仕事部屋の本棚の片すみにおひつ、ウォークインクロゼットに台湾で買った茶器、玄関脇の納戸に日本各地で手に入れたかごやざる、それでも入りきらずに実家の屋根裏部屋に土鍋……という具合に分散して置いていました。なので、急に「あれ使いたい！」なんてことになると「どこに置いたんだっけ？」というあり様。自分の道具の量を知りきれずに、使いこなせていなかったのです。

そこで、台所の横に道具と器を入れる小さな部屋を作ろう！　と一念発起。入って左の棚はオープンに、右側は上はかさばるもの専用の棚、下部分は器や細かい道具を入れる引き出しを二四個作ったのでした。結果は、大成功！　分散したものたちが一同にこの部屋に集合。見た目も気持ちもすっきりするばかりか、今まで日の目を見ることの少なかった道具も、すぐに取り出せるようになって、なんだかうれしそう。

ああ、道具ってこうやって風通しのよい場所に置いて、ちゃんと使ってあげないといけないなぁ、と思ったのでした。

奥行きのある棚には蒸籠やおひつなどのかさばる物を。クイジナートは一番手前に。

台所に一番近い棚にはよく使う鍋を。素材や色を揃えるとよいかんじにまとまります。

鍋敷きの引き出しとお菓子道具専門の引き出し。毎日使うことはないけれど、かわいいので時々開けて眺めています。

入って右すぐの棚には、塩やドライハーブ、ハチミツと一緒に木のまな板を置いています。

フランスやフィンランドの蚤の市で買ったものや、母から譲り受けたル・クルーゼなどが並ぶ、気に入りの黒と白の棚。

問い合わせ先

本書で紹介した商品は、すべて著者並びにゲストの私物です。そのため、同じ商品が現在も手に入るとは限りません。詳細に関しましては、問い合わせ先にご確認ください。なお、データは二〇一二年六月現在のものです。

p.8 さくらんぼの種抜き
馬嶋屋菓子道具店
東京都台東区西浅草2-5-4
☎03-3844-3850
営業時間 9:00-17:30
定休日 日・祝

p.12 打ち出しの鍋
鍛金工房 WESTSIDE33
京都府京都市東山区大和大路通七条下ル七軒町578
☎075-561-5294
営業時間 10:00-19:00
定休日 火

p.16 野田琺瑯の容器
野田琺瑯株式会社
東京都江東区北砂3-22-22
☎03-3640-5511
営業時間 9:00-18:00
定休日 土・日・祝

p.18 野菜の水切り
サラダスピナー
【耐熱ガラス製ボウル】K345SS
株式会社岩城ハウスウエア
千葉県船橋市行田1-50-1
☎047-460-3764
(お客様サービスセンター)
営業時間 9:00-17:30
定休日 土・日

p.22 砥石
キング砥石株式会社
愛知県常滑市千代ヶ丘4-52
☎0569-35-2420
営業時間 8:00-17:00
定休日 日

p.26 瓶
セラーメイト密封瓶
星硝株式会社
東京都港区芝公園1-1-11
興和芝公園ビル6F
☎03-5401-1746
営業時間9:00-17:10
定休日 土・日・祝

p.28 土鍋
うちの土鍋シリーズ「ベアー号」
http://www.1101.com/store/donabe/bear_what.html

p.36 マトファーの木べら
株式会社マトファー・ジャパン
兵庫県神戸市中央区小野浜町9-73
☎078-333-1852
営業時間 10:00-16:30
定休日 土・日・祝
楽天市場 MATFER shop : http://www.rakuten.ne.jp/gold/matfer-j/

p.44 イケアのグリルパン
イケア・ジャパン
☎050-5833-9000
(カスタマーサポートセンター)
受付時間:9:30-18:00
定休日 1月1日を除く年中無休

p.46 ル・クルーゼのグリルパン
ル・クルーゼ ジャポン株式会社
東京都港区麻布台2-2-9
☎03-3585-0198
(カスタマーダイヤル)
営業時間 10:00-17:00
(12:00-14:00を除く)
定休日 土・日・祝(他休業日有り)

p.48 かつお節削り器
枕崎水産加工業協同組合
鹿児島県枕崎市立神本町1-2
☎0993-72-3331
営業時間 8:00-17:00
定休日 日・祝・他不定休

p.52 プジョーのペッパーミル
パリ・ユーセレクト
コーンズ・アンド・カンパニー・リミテッド
東京都港区芝3-5-1
☎03-5730-1609
営業時間 9:00-18:00
定休日 土・日・祝

p.56 井山さんの目玉焼きパン
10センチ
長野県松本市大手2-4-37
☎0263-88-6210
営業時間 11:00-18:00 (金・土のみ)

p.60 チーズおろし
マイクロプレイン クラシックゼスター
株式会社池商
東京都町田市成瀬が丘2-5-10
☎042-795-4311
営業時間 9:15-18:00
定休日 日・祝

p.66 圧力鍋
株式会社鋳物屋
山形県東根市大字若木5555-18
☎0237-47-3434
営業時間 9:00-17:00
定休日 土・日・祝

p.70 カムカム鍋
オーサワジャパン株式会社
東京都渋谷区代々木1-58-1
☎03-6701-5900（代表）
営業時間　9:00-17:30
定休日　土・日

p.74 缶切り
柳宗理　缶切り
designshop
東京都港区南麻布2-1-17白ビル1F
☎03-5791-9790
営業時間　11:00-19:00
定休日　日

p.78 菜箸
有次錦店
京都府京都市中京区錦小路通御幸町西入ル
鍛冶屋町219
☎075-221-1091
営業時間　9:00-17:30
定休日　1月1日・2日

p.82 ストウブのココット
p.132 ストウブのクレープパン
ストウブ
（ツヴィリング J.A. ヘンケルスジャパン）
☎0120-75-7155（お客様係）
http://www.staub.jp

p.86 鉄のフライパン
キングパン
株式会社中尾アルミ製作所
店舗：お鍋の博物館
東京都台東区西浅草2-21-4
☎03-5830-2511
営業時間　10:00-18:30
定休日　年末年始

p.94 しりしり器
銀座わしたショップ
東京都中央区銀座1-3-9
マルイト銀座ビル
☎03-3535-6991
営業時間　10:30-20:00
定休日　年始

p.98 ステンレスの保存容器
キッチンワールドTDI
東京都台東区松が谷1-9-12
SPKビル1F
☎03-5827-3355
営業時間　9:30-18:00（平日）
10:00-18:00（日・祝）
定休日　年始

p.104 バウルーのホットサンドメーカー
イタリア商事株式会社
神奈川県横浜市青葉区荏田町1431-1
☎045-910-1890
営業時間　9:30-17:30
定休日　土・日・祝

p.108 クイジナートのプロセッサー
株式会社クイジナートサンエイ
東京都台東区寿4-1-2
三栄寿ビル2F
☎0120-191-270
営業時間　9:00-17:30
定休日　土・日・祝

p.116 北欧の鍋
SPOONFUL
http://www.spoon-ful.jp

p.124 キッチンバサミ
ヘンケルス
（ツヴィリング J.A. ヘンケルスジャパン）
☎0120-75-7155（お客様係）
http://www.zwilling.jp

p.136 すり鉢
株式会社マグスタイル
東京都渋谷区神宮前6-27-8
京セラ原宿ビル3F
☎03-5468-8286
営業時間　9:30-18:30
定休日　土・日・祝・年末年始・お盆

p.140 鉄瓶
釜定
岩手県盛岡市紺屋2-5
☎019-622-3911
営業時間　9:00-17:30
定休日　日

p.142 照宝のまな板
照宝
神奈川県横浜市中区山下町150
☎045-681-0234
営業時間　11:00-21:00
定休日　年中無休

p.148 コーヒーミル
株式会社創美・
そうび木のアトリエ
埼玉県川越市元町2-1-1
☎049-223-0258
営業時間　10:30-17:30
定休日　年末年始

伊藤まさこ

1970年、神奈川県横浜市生まれ。文化服装学院でデザインと服作りを学ぶ。料理など暮らしまわりのスタイリストとして女性誌や料理本で活躍。なにげない日常に楽しみを見つけ出すセンスと、地に足のついたていねいな暮らしぶりが人気を集めている。台所道具はむやみに増やさないように気をつけているけれど、どうしても必要と思うものは懐深く受け入れている。おもな著書に『軽井沢週末だより』(集英社)、『松本十二か月』(文化出版局)、『あの人の食器棚』(新潮社)、『信州てくてくおいしいもの探訪』(文藝春秋)、『毎日ときどき　おべんとう』『まいにち、まいにち、』『ちびちび　ごくごく　お酒のはなし』(以上、PHPエディターズ・グループ)など多数がある。

ブックデザイン
渡部浩美

撮影
有賀　傑

PD
千布宗治

編集
見目勝美

伊藤まさこの台所道具

2012年8月7日　第1版第1刷発行
2012年8月23日　第1版第2刷発行

著　者　伊藤まさこ
発行者　安藤　卓
発行所　株式会社PHPエディターズ・グループ
〒102-0082　東京都千代田区一番町16
電話　03-3237-0651
http://www.peg.co.jp/
発売元　株式会社PHP研究所
東京本部　〒102-8331　千代田区一番町21
普及一部　電話　03-3239-6233
京都本部　〒601-8411　京都市南区西九条北ノ内町11
PHP INTERFACE　http://www.php.co.jp/
印刷所
製本所　凸版印刷株式会社

©Masako Ito 2012 Printed in Japan
落丁・乱丁本の場合は弊社制作管理部(電話03-3239-6226)へご連絡ください。
送料弊社負担にてお取り替えいたします。

ISBN978-4-569-80575-7